ANTONI GAUDÍ

Gaudí ao terminar seus estudos. Fotografia de Audouard & Cia. Museu de Reus

ANTONI GAUDÍ
Xavier Güell

Martins Fontes
São Paulo 1994

Título original: ANTONI GAUDÍ
Copyright © Editorial Gustavo Gili, S.A., Barcelona, 1990
Copyright © Livraria Martins Fontes Editora Ltda., São Paulo, 1994,
para a presente edição

1.ª edição: setembro de 1994

Tradução: Eduardo Brandão
Revisão da tradução: Marina Appenzeller
Revisão gráfica:
Marise Simões Leal
Laila Dawa

Produção gráfica: Geraldo Alves
Composição: Renato C. Carbone
Arte-final: Moacir K. Matsusaki

Capa — Projeto: Alexandre Martins Fontes
Execução: Katia H. Terasaka

Dados Internacionais de Catalogação na Publicação (CIP)
(Câmara Brasileira do Livro, SP, Brasil)

Güell, Xavier
  Antoni Gaudí / Xavier Güell ; [tradução Eduardo Brandão ;
revisão da tradução Marina Appenzeller]. – São Paulo : Martins
Fontes, 1994. – (Coleção Arquitetos)

  ISBN 85-336-0323-1

  1. Gaudí, Antoni, 1852-1926 I. Título. II. Série.

94-3082   CDD-720.92

Índices para catálogo sistemático:
1. Arquitetos : Biografia e obra   720.92

Todos os direitos para a língua portuguesa reservados à
LIVRARIA MARTINS FONTES EDITORA LTDA.
Rua Conselheiro Ramalho, 330/340 – Tel.: 239-3677
01325-000 – São Paulo – SP – Brasil

ÍNDICE

7 Introdução

1

14 Projetos de estudante. Colaboração com Josep Fontseré. Primeiras realizações.
20 Casa Vicens. Barcelona
30 El Capricho. Comillas, Santander
36 Pavilhões da chácara Güell. Barcelona
46 Palácio Güell. Barcelona
60 Palácio episcopal. Astorga, León
68 Convento Teresiano. Barcelona
74 Casa Fernández Andrés. León
82 Casa Calvet. Barcelona
94 Torre Bellesguard. Barcelona

2

106 Park Güell. Muntanya Pelada, Barcelona
128 Portão e muramento da chácara Miralles. Barcelona
130 Restauração da catedral. Ciutat de Mallorca
132 Casa Batlló. Barcelona
150 Casa Milà i Camps, "La Pedrera". Barcelona
166 Cripta da Colônia Güell. Santa Coloma de Cervelló, Barcelona
182 Escolas da Sagrada Família. Barcelona

3

188 Templo Expiatório da Sagrada Família. Barcelona

207 Biografia
211 Cronologia de projetos e obras de Antoni Gaudí
215 Bibliografia
217 Procedência das ilustrações
219 Agradecimentos

Introdução

As últimas décadas do século XIX se caracterizam, na Espanha, por certo confusionismo artístico. A arquitetura oitocentista entra em crise ao se amparar na repetição de movimentos artísticos: neoclássicos e neo-românticos. Os arquitetos não pensam em novas soluções técnicas à margem desses estilos.

Todavia, o constante e irrefreável desenvolvimento das grandes cidades e a imperiosa necessidade de urbanizá-las provocam novos planos de organização urbana. No caso de Barcelona, seu crescimento fica perfeitamente estabelecido com o "Pla Cerdà".

Esse momento de incerteza se desfaz, na Catalunha, com o movimento que, com o nome de "Modernisme", corresponde ao novo ambiente social e cultural, fruto de uma evolução econômica, política e regional, que, do ponto de vista cronológico, abarca a última década do século XIX e as primeiras do novo século XX.

A burguesia catalã dessa época é dinâmica, está em plena expansão, ligada a uma indústria e a um comércio florescentes; uma burguesia com um sentimento profundo de identidade própria e uma constante inquietação por diferenciar-se do resto do Estado espanhol. Pensa-se numa Catalunha ideal, autônoma, liberal, culta e cosmopolita.

Em Barcelona, capital dessa área de atividade social e econômica, desenvolvem-se duas tendências artísticas: uma, que refletirá essa atividade e favorecerá toda iniciativa que ajude a configurar o novo mundo burguês; outra, que fixará sua atenção nos setores sociais mais marginais (Nonell, Picasso...)

A burguesia catalã podia ter copiado ou desenvolvido os modelos existentes; contudo, o "Modernisme", no qual rapidamente se sente envolvida, possui uma verdadeira originalidade, ainda que mesclada com elementos tradicionais.

O "Modernisme" é cavalo de batalha de uns e outros, mas com a ressalva de que nem todos os artistas que trabalharão nesse movimento se converterão em precedentes diretos de importantes mudanças estilísticas. No caso de Antoni Gaudí, seu comportamento e seu exemplo em sua obra construída constituirão uma trajetória isolada, uma trajetória em que tanto os trabalhos da construção civil e religiosa como todos aqueles ligados ao mundo do ornamento obterão uma característica especial, surpreendente e, algumas vezes, difícil de qualificar.

Primeiras obras

Antoni Gaudí i Cornet nasceu em Reus (Baix Camp) em 25 de junho de 1852. Era filho de Francesc Gaudí i Serra e de Antònia Cornet i Bertrán. Após dez anos de estudos no Colégio dos Padres Escolápios de Reus e na Faculdade de Ciências da Universidade de Barcelona (1863-1873), iniciou seus estudos na Escola Provincial de Arquitetura de Barcelona em 1873, terminando-os no mês de janeiro de 1878 e obtendo o título no dia 15 de março do mesmo ano.

Antes de concluir seus estudos de Arquitetura, Gaudí, como a maioria dos estudantes, trabalhou num escritório de arquitetura, cujo titular era, neste caso, Josep Fontseré. Trabalhou com ele no projeto de uma das obras mais importantes que estavam sendo realizadas em Barcelona: o Parc de la Ciutadella.

O projeto de uns revérberos para a Plaza Real, assim como o projeto de iluminação da Muralla de Mar, ambos em Barcelona, junto com o projeto para a Cooperativa Operária Mataronense, em Mataró, serão seus primeiros trabalhos como arquiteto independente.

Entre 1880 e 1900, realizará, entre outras, as seguintes obras: a Casa Vicens, os Pavilhões nas Corts da chácara "Can Feliu" da família Güell, o Colégio Teresiano, o Palau Güell — sem dúvida, a mais relevante desse primeiro período —, a Casa Calvet e a Torre Bellesguard. É preciso assinalar que foi nessa primeira etapa gaudiana que o arquiteto realizou suas únicas obras fora do contexto geográfico catalão: a *villa* El Capricho em Comillas (Santander), obra em que contou com a colaboração do arquiteto Cristóbal Cascante; o Palácio Episcopal de Astorga (León), obra inacabada, que sofreu inúmeras modificações, e o edifício de apartamentos para a família Fernández-Andrés, de León, mais conhecido como *La casa de los Botines*.

Voltando de novo à cidade de Barcelona, Gaudí recebeu em 1883, através do arquiteto Joan Martorell, a tarefa de continuar a incipiente obra do Templo Expiatório da Sagrada Família. Foi assim, pois, que Gaudí começou nessa época a trabalhar na reforma do projeto encomendado originalmente a Francisco de Paula del Villar, que, por razões técnicas, passou a encomenda a Martorell e este, por discrepâncias com o projeto aprovado, propôs a transferência da encomenda a Gaudí. Este dedicaria toda a sua vida profissional (mais de quarenta anos) a projetar e a construir simultaneamente essa grande obra, de uma forma total e absolutamente pessoal, tal como continuaria fazendo no resto de suas obras.

Nesse primeiro período, Gaudí esforçou-se para encontrar um estilo próprio com uma vontade nacionalista. A essa vontade, que depois chegou a se transformar numa identidade pessoal, devemos acrescentar o fato de ter assistido a uma série de tertúlias intelectuais na casa daquele que foi seu grande mecenas e protetor, don Eusebi Güell Bacigalupi. Nesse ambiente,

eram freqüentes as conversas sobre as teorias de Ruskin, os dramas musicais de Wagner e os escritos de Viollet-le-Duc, leitura assídua de Gaudí já em seus anos de estudante na Escola de Arquitetura de Barcelona.
Todas as obras que fazem parte desse primeiro período gaudiano partem de uma concepção eclética, na qual irão aparecendo diversos estilos. Enquanto a Casa Vicens e a *villa* El Capricho são exemplos de uma clara influência estilística da arquitetura muçulmana, os pavilhões da chácara "Can Feliu", dos Güell, serão exemplo de uma vontade de mudar. Nesse trabalho, Gaudí se refugiará no desenho de elementos pontuais, enfatizando-os e obtendo um contraste acertado e equilibrado. O Palau Güell, de caráter medievalista, é mais importante por seu trabalho na decoração e na qualidade de seus acabamentos, que se contrapõem à austeridade e à fluidez espacial do Convento Teresiano. Nessas duas obras, assim como no Palácio Episcopal de Astorga e na Casa Fernández Andrés, a influência gótica é importante. Já certo ar barroco domina na Casa Calvet, sobretudo no remate da fachada principal, enquanto na torre Bellesguard ressurge de novo esse sentimento medievalista que o envolvente exterior assume, contrapondo-se à riqueza construtiva de linhas austeras que suporta seus distintos andares.
Ao longo desse período podemos reconhecer uma forte luta interior para superar-se e encontrar um estilo próprio e pessoal. Tanto o ensinamento de Viollet-le-Duc, como esforço de livre interpretação dos distintos estilos, quanto certa atitude romântica no estudo da arquitetura gótica e, em grande parte, de sua lógica estrutural, bem como o estudo da natureza como fonte inesgotável de inspiração, são as fontes que dotarão Gaudí, no momento histórico da passagem do século, da liberdade suficiente para ir além dos estilos históricos e entender a modernidade que é preciso encontrar nessa nova atitude.

Segunda etapa
Nos muros da chácara Miralles, em Barcelona, embora sendo esta uma obra de pouca importância, Gaudí adota uma atitude distinta. Abandona os estilos históricos e apresenta-se conjugando um material pétreo com uma forma absolutamente livre, sem fim: a sinusóide como limite em altura da coroação do muro que cerca a propriedade.
Outra obra, sem dúvida alguma a mais relevante de Gaudí, o Park Güell, será o grande detonador dessa atitude distinta, nova, particular e arriscada que caracteriza sua primeira maturidade como arquiteto.
O Park Güell, com a Casa Batlló, a Casa Milá, as Escolas da Sagrada Família e a Cripta da Colônia Güell são as obras fundamentais dessa segunda etapa. Nesse momento, aparece o Gaudí de estatura universal, sem esquecer a obra singular do Templo da Sagrada Família, muito embora reservemos essa obra para ser comentada em particular no final desta introdução, visto que nela se encerra todo o trajeto arquitetônico gaudiano com um princípio, uma série de períodos de orientação distinta, mas sem um fim, devido ao próprio caráter inacabado da obra.

Assim, nessa segunda etapa, encontramos as obras mais conhecidas de Gaudí. O Park Güell é, antes de mais nada, um exemplo de implantação urbana, um exemplo do entendimento da disposição de elementos arquitetônicos com uma força formal e cromática exuberante, sem com isso esquecer o cumprimento de uma função. Por isso, o Park Güell é, além de um espetáculo formal, um exemplo da colocação e da distribuição de serviços e usos. Nessa obra, Gaudí verá frustrada sua idéia de cidade-jardim, dado que os lotes que deviam constituir o assentamento de uma série de moradias unifamiliares, formando uma comunidade, ficaram por construir. Só restou a infra-estrutura, que serve não apenas para entender o alcance do projeto, mas também para poder realizar um percurso em que a mistura de arquitetura e natureza se apresenta como uma criação arquitetônica única no mundo. A obra da Casa Balló é, sem dúvida alguma, um projeto de reforma de um edifício existente deliberado e categórico. Nele, Gaudí transforma a pele exterior de uma casa típica dos bairros novos barceloneses em outra cheia de luz, cromatismo e expressividade. Também o interior será fruto de uma forte transformação, sobretudo nos andares térreo e principal, à parte os dois últimos, acrescentados ao modo de mansarda à casa original.

A Casa Milà será o exemplo em que Gaudí assume a plenitude máxima da expressividade e da liberdade de desenho. Resolve de forma magistral a inclusão de um edifício de apartamentos entre prédios contíguos, numa esquina de um bairro barcelonês, seguindo os alinhamentos ditados pelo Pla Cerdà. Poderíamos qualificar esse edifício de provocação. Nele, Gaudí quebra absolutamente o ritmo dos vazios, das esquinas, das cornijas e da ornamentação naturalista; e, se na Casa Batlló se apresenta uma solução inquietante para o tratamento do terraço da cobertura, na Casa Milà chega-se a uma solução em que a cornija será um elemento inexistente, dado que, onde a massa pétrea termina, começa um mundo distinto. Aqui se confundem expressamente os conceitos. A mansarda, com dimensões incomuns e um revestimento de pedra branca comporta-se como se o edifício fosse apenas esse andar, enquanto toda a massa pétrea "lucarnada" e sinusoidal mascara uma função habitacional, comportando-se como um grande embasamento que suporta a grande plataforma branca cheia de elementos singulares, em contínuo movimento, que não fazem mais que cumprir esse desejo de provocação a que aludimos anteriormente.

Quanto às Escolas da Sagrada Família, que, por suas dimensões e localização dentro do recinto reservado ao entorno imediato do Templo, podemos qualificar de construção efêmera e passageira, são na realidade um pavilhão que devia cumprir uma necessidade concreta e temporal e que Gaudí, mais uma vez, aproveitou para insistir em sua vontade incessante de descobrir novos procedimentos construtivos. A cobertura desse pavilhão é exemplar e contundente. O edifício se resolve a partir de uma simples idéia geométrica, na qual o plano vertical de vedação e o horizontal da cobertura vão se acoplando, segundo geratrizes que transformam esses planos em planos ondulantes.

A Cripta da Colônia Güell, situada em Santa Coloma de Cervelló (Baix Llobregat), dentro do recinto da Colônia Têxtil Operária, junto das moradias e da fábrica, é um edifício que, devido à sua situação geográfica, ficará relegado ao esquecimento. Precisamente por se tratar de um edifício no qual não parece primar a necessidade premente de sua utilização, ele permitirá a Gaudí realizar um sem-fim de experiências para encontrar o sistema estrutural que conferirá o *leitmotiv* dessa obra.

O Templo da Sagrada Família

Como já assinalávamos nas páginas precedentes, a construção do Templo da Sagrada Família será o motor que não cessará em toda a sua vida profissional. Recordemos que Gaudí, nos seus últimos anos de vida, decidiu instalar-se num pequeno cômodo com um catre, transformado em ateliê, no Templo em construção.

Ao receber a encomenda de continuar as obras do Templo segundo o projeto de Villar, Gaudí sente a necessidade de mudar radicalmente toda a concepção, conservando tão-só o espírito da mesma. Assim, pois, considerará sua mudança como se se tratasse de uma intervenção, como se a cripta neogótica fosse uma cripta gótica e, desse modo, se visse na necessidade de uma intervenção mais atual e própria da época, que, desde o primeiro momento, teria de ser mais do que pessoal. Esse fato, unido ao momento em que se produz, é, sem dúvida, um dos mais importantes de sua trajetória profissional.

Quando configura essas novas características do Templo, Gaudí é um arquiteto muito jovem e, sem sombra de dúvida, tinha perfeitamente assimilada toda uma série de idéias e conceitos, procedentes dos escritos de Viollet-le-Duc. Saber racionalizar essas idéias e conceitos e colocá-los em prática, num projeto dessas dimensões, é, indiscutivelmente, fruto de uma personalidade acentuadíssima.

Essa idéia global do projeto está refletida nos poucos desenhos que ele próprio realizará e, também, em alguns que conhecemos de autoria de um de seus colaboradores — é o caso dos realizados por Joan Rubió i Bellver, Puig Boada e outros.

No projeto e na construção do Templo da Sagrada Família, Gaudí parte de uma concepção ambiciosíssima, que realizará apenas em parte, dado seu custoso financiamento, e que acarretará uma lentidão na execução das obras. A parte construída mais importante foi a fachada da Natividade. Há nesta dois modos de vê-la e entendê-la. A face que dá para a rua encontra-se totalmente revestida de uma multidão de simbolismos corporificados em esculturas devidas a colaboradores seus e que, em nossa opinião, maquiam excessivamente esse lado da fachada.

A face interna, tal como podemos observá-la hoje em dia, é absolutamente diferente. Nela, vemos apenas geometria e arquitetura. A visão, tanto de conjunto como fragmentada, é um percurso entre um gótico depuradíssimo e um cubismo em alguns de seus detalhes. É muito importante saber entender essa visão em fragmentos. Sua monumentalidade pode distrair-nos excessivamente, mas, ao contrário de sua face oposta, é na visão atenta desse esqueleto, dessa maquinaria que suporta um grande estandarte, que podemos observar a trajetória que indicávamos: a pureza de linhas, o rigor construtivo e uma composição absolutamente simétrica, muito poucas vezes utilizada por Gaudí. Tudo isso faz com que essa pele interior seja digna de um interesse especial.

1

1876-1882 Projetos de estudante
          Colaboração com Josep Fontseré
          Primeiras realizações
1883-1888 Casa Vicens
1883-1885 El Capricho
1884-1887 Pavilhões da chácara Güell
1886-1889 Palácio Güell
1887-1893 Palácio episcopal
1888-1890 Convento Teresiano
1891-1894 Casa Fernández Andrés
1898-1904 Casa Calvet
1900-1905 Torre Bellesguard

1870-1882 Projetos de estudante. Colaboração com Josep Fontseré. Primeiras realizações.

É sabido pelos mais importantes biógrafos de Gaudí que ele, em linhas gerais, foi um mau estudante. Não obstante, seus desenhos já denotavam, desde o início, uma singular habilidade nas linhas, assim como na cor que os acompanhava. Chegaram até nós alguns dos projetos que realizou na Escola Provincial de Arquitetura de Barcelona.

Em 1876, ele realiza um projeto escolar que consiste num pátio para uma Câmara Provincial e um embarcadouro para um concurso acadêmico. Em 1877, realiza o projeto final de graduação: um anfiteatro universitário. Nesse mesmo ano começa a colaboração com Josep Fontseré, que se prolongará até 1882. Frutos dela são atribuídos a Gaudí as portas de entrada e o conjunto da cascata, pertencentes ao Parc de la Ciutadella de Barcelona.

Em 1878, devido à convocação de um concurso, projeta uns revérberos para a Plaça Reial de Barcelona, em que a preocupação com desenhar um elemento de mobiliário urbano é bem patente.

Os suportes das luzes têm uma posição diferente no fuste, ao passo que o remate é similar ao adotado na porta de entrada do Parc de la Ciutadella.

De 1877 a 1882, estará ocupado com esboços preliminares e estudos sobre o funcionamento das cooperativas, pois recebe a encomenda de construir em Mataró (Barcelona) um projeto de Cooperativa Têxtil Operária, composto de trinta casas, edifício social com uma sala de reuniões e uma fábrica. É fruto desses estudos a construção de um armazém, suportado por arcos parabólicos construídos com peças moduladas de madeira, unidas por seções retilíneas fixadas entre si. Em 1880, realizará, em colaboração com o engenheiro Josep Serramalera o projeto de iluminação elétrica da Muralla de Mar. Gaudí está consciente do significado que tem para Barcelona a iluminação de um setor do litoral que hoje corresponde ao passeio Cristóbal Colón. Nos revérberos, foram colocadas placas com os nomes dos almirantes catalães. Gaudí fez uma perspectiva e um desenho de revérbero que chegou até nós.

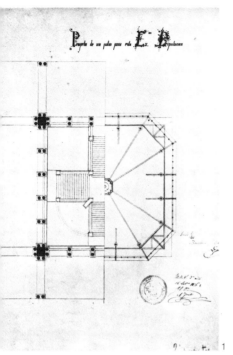 

1/2 Projeto de pátio para a Câmara Provincial. Planta e detalhe
3 Projeto de embarcadouro. Alçado

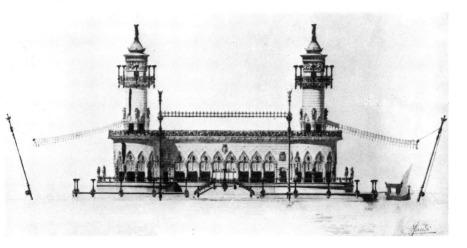

4/5 Projeto de anfiteatro. Seção e planta

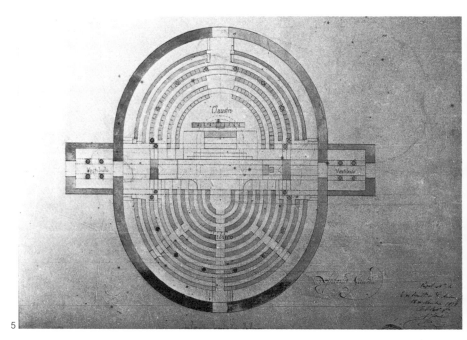

6/7 Vistas da grade do Parc de la Ciutadella
8 Vista das escadarias do Parc de la Ciutadella
9 Projeto de quiosque para Enrique Girossi. Planta e alçado

10 Vista do revérbero
11 Detalhe do pedestal
12 Detalhe da disposição dos suportes
13 Projeto de moradias para a sociedade cooperativa La Obrera Mataronense. Planta geral

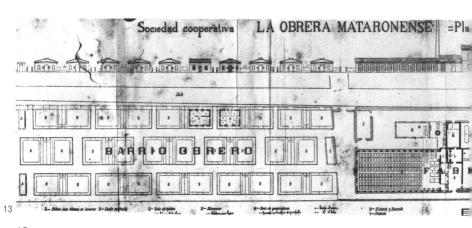

14/15 Vistas do interior da sala de máquinas da sociedade cooperativa La Obrera Mataronense.

16 Seção da construção de um arco parabólico.

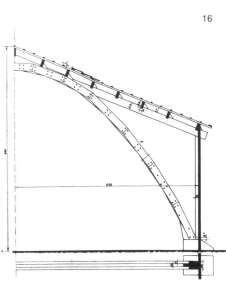

1883-1888 Casa Vicens. Carrer de les Carolines, 18-24, Barcelona.

É a primeira obra de certa envergadura construída por Gaudí como arquiteto. Trata-se de um edifício isolado de caráter residencial para a família do ceramista Vicens. De grande simplicidade construtiva, é característica a utilização da pedra, junto com o tijolo e o azulejo, no tratamento das fachadas. Os interiores, com acabamentos excepcionais, aliados a um decorativismo de clara influência árabe, adquirem o protagonismo máximo na sala de fumar. O térreo, acima do nível da entrada, abriga as dependências de uso diurno: uma sala de refeições e, em torno da mesma, uma galeria coberta, uma sala de fumar e uma de estar, além da escada que conduz ao andar superior, onde se encontram os quartos. Acima deste, o último andar à maneira de mansarda, enquanto no porão se encontravam originalmente as dependências de serviço. Esse andar e a sala de fumar possuem tetos em abóbadas revestidas, de perfil parabólico, exercício construtivo que irá se repetir ao longo de toda a obra gaudiana.

Na atualidade, essa casa está sem vários dos elementos que enriqueciam todo o seu entorno imediato. O jardim e uma fonte com um arco parabólico já não existem, tendo restado apenas uma faixa de terreno que a protege de todas as edificações circundantes.

No entanto, há que destacar a grade que separa a casa da rua, de caráter totalmente naturalista, reproduzindo o tema formal da folha de palmito e trabalhada em ferro fundido.

Em 1925-1926, sob a direção do arquiteto Serra Martínez, realizou-se uma ampliação na zona correspondente à fachada norte e leste, obedecendo sempre a um mesmo critério e a uma mesma unidade estilística.

1 Planta
2 Seção transversal

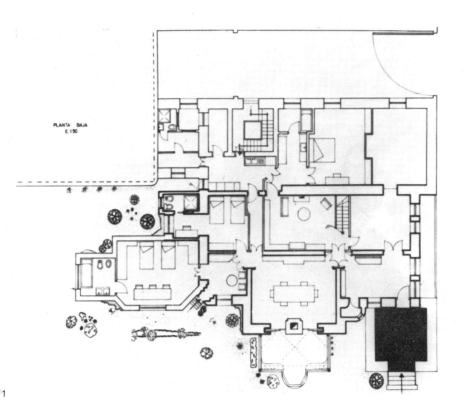

1

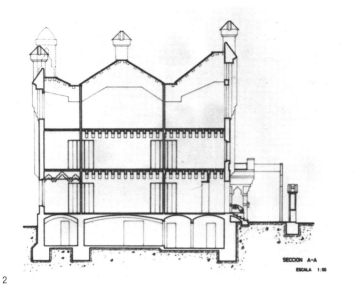

SECCION A-A
ESCALA 1:90

2

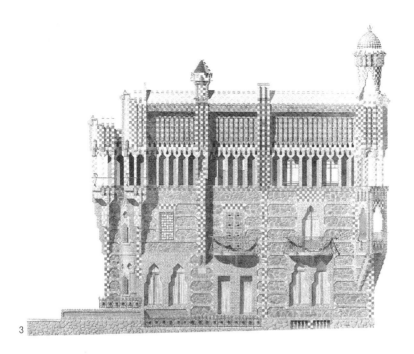

3 Alçado da fachada da rua Carolinas, segundo Enric Serra Grau, aluno da Escola Técnica Superior de Arquitetura de Barcelona (ETSAB)
4 Alçado da fachada do jardim, segundo Francisco Javier Saura Manich, aluno da ETSAB
5 Vista geral

6 Vista da sala
  de refeições
7 Detalhe do teto
  da sala de fumar
8 Detalhe da lareira
  da sala de refeições
9 Detalhe da
  ornamentação

10 a 12 Fragmentos da fachada

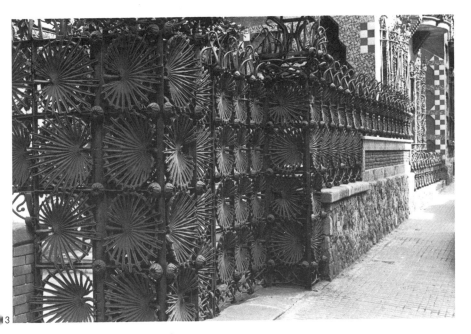

13 Vista do portão de entrada
14 Detalhe da grade

15/16 Fragmentos da fachada
17 Vista geral da casa com o jardim, hoje desaparecido
18 Vista da fachada do jardim

1883-1885 El Capricho. Comillas, Santander.
Casa de veraneio, junto do palácio do marquês de Comillas, construída para dom Máximo Diaz de Quijano, contemporânea da Casa Vicens, responde à mesma influência estilística de raiz árabe, mas com um programa um pouco diferente, distribuído num porão, num andar nobre e na mansarda sob o telhado. A entrada, situada numa das esquinas da casa, é claramente identificada por uma grande torre cilíndrica de tijolo, revestida de cerâmica vitrificada, cujo pedestal ou parte baixa se transforma inteiro num pórtico de quatro colunas, enquanto a parte superior é rematada por um mirante, que se constitui no elemento mais sugestivo da obra. Gaudí continuará trabalhando e exercitando-se no elemento mirante situado num ângulo da construção, jogando com bancos que são ao mesmo tempo balaustrada, com um formalismo decorativo mais suave e uniforme do que o da Casa Vicens. A utilização simultânea de faixas de tijolo artesanal e de peças vitrificadas com relevo especial completa as paredes. Aqui, as janelas ficaram niveladas ao plano da fachada, com uma divisão vertical bastante acentuada, enquanto seu interior permite uma utilização à maneira de mirante.
Os trabalhos de supervisão e direção dessa obra estiveram a cargo do arquiteto Cristóbal Cascante, colega de Gaudí na Escola de Arquitetura de Barcelona.

1 Planta
2 Fragmento da fachada com o torreão de acesso

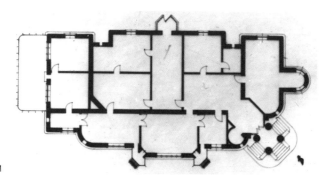

3/4 Detalhes da fachada

5 Vista geral
6 Vista em escorço da fachada principal

7 Detalhe da janela da sala de estar
8 Detalhe do trabalho em madeira
9 Detalhe da ornamentação
10 Detalhe do torreão

1884-1887 Pavilhões da chácara Güell. Avinguda de Pedralbes, 7, Barcelona.

Os edifícios destinados à portaria e às cavalariças, unidos por uma grande grade que forma o grande portão, configuram os pavilhões da chácara "Can Feliu", que Joan Güell Ferrer adquiriu em 1860, aproximadamente. Seu filho, Eusebi Güell Bacigalupi, mecenas e protetor de toda a obra gaudiana, seja através de encomendas próprias, seja por encomendas de amigos e familiares seus, pede a Gaudí que construa uns pavilhões e um muramento para delimitar a propriedade, rica em espécimes arbóreos e com uma casa de meados do século XIX. Em 1919, Joan Antoni Güell López, filho de Eusebi Güell, doa à cidade de Barcelona a casa e parte da chácara, cujo destino será a futura residência da família real.

O pavilhão da portaria, com um corpo de planta octogonal coberto por uma cúpula e rematado com um lanternim, e mais dois outros volumes adjacentes, de proporções retangulares, coroados de forma semelhante, formam a massa corpórea que constitui o bastião esquerdo da grande entrada da chácara.

As cavalariças, com um acesso em ângulo, para dar melhor suporte ao grande portão, e um pequeno saguão, que abriga a escada para o telhado, contêm o grande espaço retangular em um só andar, em que os arcos parabólicos e as abóbadas revestidas que os unem, também de perfil parabólico, são os elementos arquitetônicos que lhe dão suporte.

A luz se difunde através de aberturas trapezoidais, banhando a sala de forma homogênea, entre arco e arco. No extremo oposto ao acesso encontramos uma sala quase quadrada em que o pavimento de pedra forma círculos com uma disposição radial que nada mais é que um modo de transpor em outra linguagem a cúpula que cobre esse espaço. Essa cúpula, em sua parte exterior, com os três leves anéis de alvenaria de tijolo, são o suporte adequado a um lanternim de grande beleza.

A cercadura de toda a chácara incorpora as fachadas desses pavilhões. As poucas aberturas existentes ficam claramente diferenciadas, tão-somente para enfatizar mais a entrada, enquanto as da portaria, com sua persiana fixa e abaulada de madeira, adquirem uma forma quase escultural. Veremos, não obstante, como nas aberturas do resto do conjunto apenas se recorta a parede formada por arcos parabólicos em portas e janelas.

A mesma sensação de corpo maciço fica claramente explicada no plano do grande portão do dragão. Um pilar com as siglas dos Güell suporta essa grande besta carregada de expressividade, pouco comum, perfeitamente executada, que será, sem dúvida, uma clara advertência do grande trabalho que Gaudí dedicará cotidianamente ao projeto desses elementos — imprescindíveis em sua arquitetura.

1 Vista do pavilhão da portaria
2 Vista do pavilhão das cavalariças

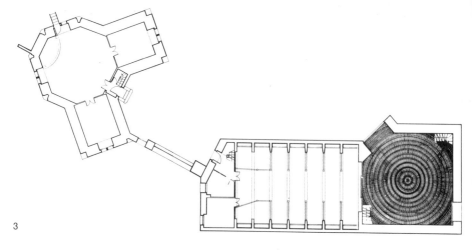

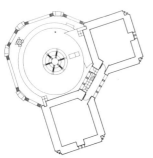

3 Planta do térreo do conjunto
4 Planta do primeiro andar da portaria
5 Alçados da portaria

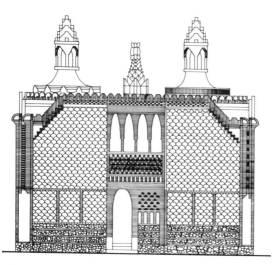
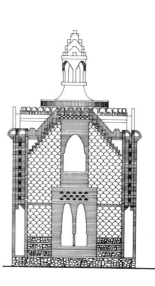

6 Alçado da portaria
7/8 Alçados das cavalariças

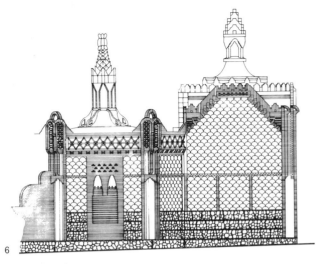

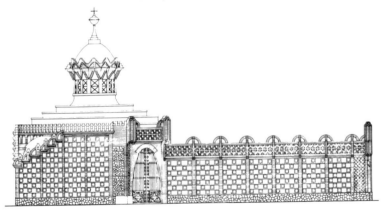

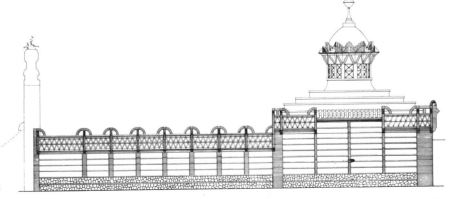

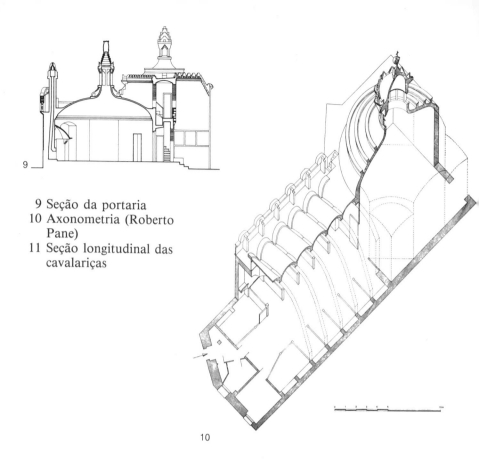

9 Seção da portaria
10 Axonometria (Roberto Pane)
11 Seção longitudinal das cavalariças

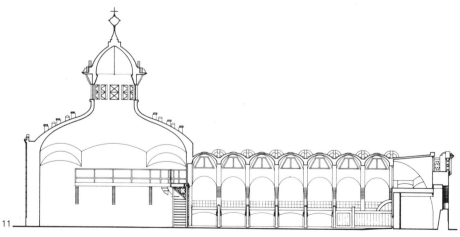

12 Vista interna dos portões
13 Detalhe da cabeça do dragão
14 Vista externa do portão grande

15 Detalhe das cavalariças
16 Detalhe ornamental das cavalariças

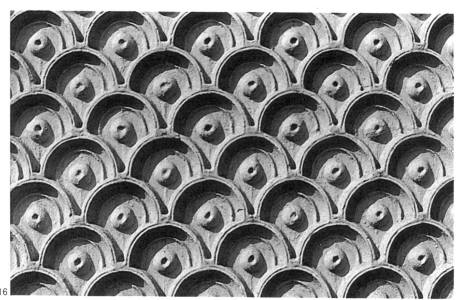

17 Vista da fachada lateral das cavalariças
18 Detalhe das cavalariças

19 Detalhe do
   lanternim das
   cavalariças

20 Detalhe do portão principal
21 Detalhe do remate do portão principal

22 Detalhe de um canto da portaria
23 Vista interna das cavalariças. Atualmente, sede da Cátedra Gaudí

1886-1889 Palácio Güell. Carrer Nou de la Rambla, 9, Barcelona.

A construção dessa nova residência em Barcelona para Eusebi Güell coincide com um dos momentos de esplendor que a cidade vive: a Exposição Universal de 1888. Nesse projeto, Gaudí realiza um grande esforço para encontrar uma nova linguagem que se vá afastando do momento historicista. Não obstante, será nessa obra que veremos misturado todo um repertório de soluções estruturais, culminando numa deliciosa riqueza de detalhes e acabamentos. O porão, com grandes pilares cilíndricos de tijolo artesanal, à parte as paredes de sustentação e as abóbadas do mesmo material, forma uma base complexa, em que já começa a se intuir o gosto de Gaudí pela ênfase num elemento estrutural livre e cilíndrico.

No térreo, o tratamento começa a mudar, produzindo-se uma simbiose entre uma estrutura de paredes com outra de pilares ou colunas. Se seguirmos em ordem ascendente, veremos como paredes, abóbadas revestidas, arcos parabólicos e seqüências de pilares formando arcos lobulados, com seus capitéis, que irão mudando de forma de acordo com o lugar em que se encontram, constituem uma estrutura complexa. O grande espaço central, com sua cúpula cheia de pequenos vãos que deixam a luz passar, delimita perfeitamente a sala de estar do palácio.

Assim como o acesso aos diferentes andares se realiza com distintos lances de escada, obrigando a se fazer todo um percurso que flui por diversas dependências do palácio, a escada de serviço forma um espaço único e ininterrupto, que serve a todos os andares de igual modo e que se sustenta por tirantes de ferro trançado que a tornam semelhante a uma peça pênsil.

A fachada que dá para a rua é revestida de mármore em seus primeiros andares, ao modo de embasamento, dando uma sensação de acabamento mais urbano, seguindo-se a esse revestimento uma alvenaria mais historicista, que também dará forma à fachada posterior. O acesso, perfeitamente simétrico, é indicado pela abertura dos arcos parabólicos. A disposição de vãos, a grande tribuna que percorre a fachada quase de um extremo ao outro, assim como o remate com seus pequenos pinhões escalonados que acompanham as chaminés, nenhuma igual às demais, compõem esse plano perfeitamente ritmado, entre acinzentado e branco, que recorda o gótico veneziano.

A fachada posterior, orientada para o sul, aloja um elemento singular: uma tribuna com um balcão superior e uma pérgola. Todo esse conjunto, único elemento que sobressai do plano pétreo, é como uma grande persiana que protege do sol estival. Mais um exemplo da singularidade que Gaudí vai adquirindo em seus projetos, inclusive nesse caso, com mecanismos que acionam os quebra-sóis das janelas com uma mecânica sofisticada.

O interior do palácio é tratado com uma riqueza inusitada de detalhes. Artesões, colunas de mármore, marchetarias, mobílias projetadas sob medida constituirão um conjunto de detalhes que, em alguns espaços, proporcionarão um ambiente difícil mas, ao mesmo tempo, sugestivo.

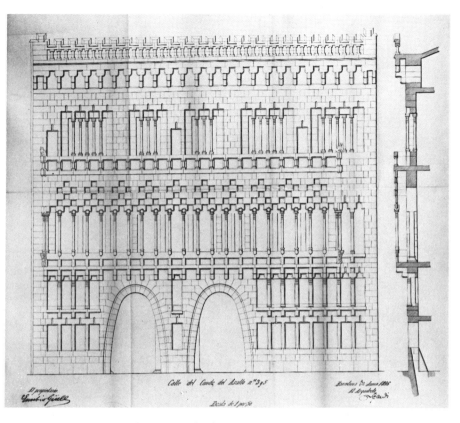

1 Estudo de alçado da fachada principal, 1886

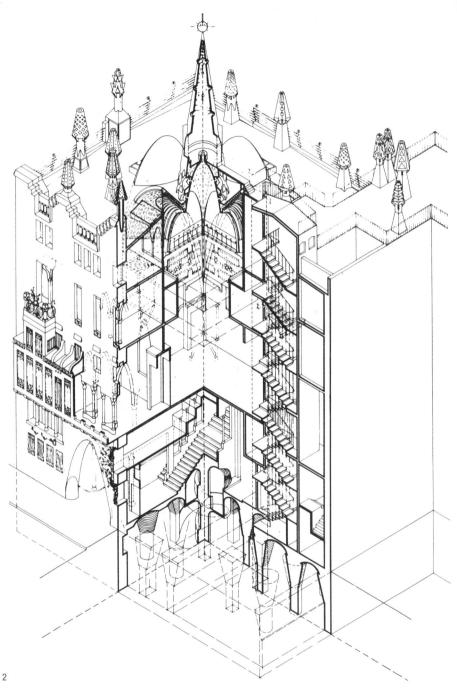

2 Axonometria seccionada, segundo os Amigos de Gaudí
3 Alçado da fachada principal, segundo Rosa Cortés Pagés, aluna da ETSAB

4

5

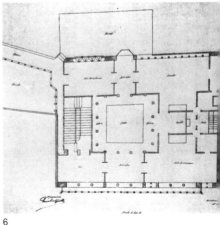

6

4 Fragmento da seção transversal, segundo Antonio Ortiz López, aluno da ETSAB
5 Seção transversal
6 Andar nobre em 1886
7 Vista da fachada principal em 1902

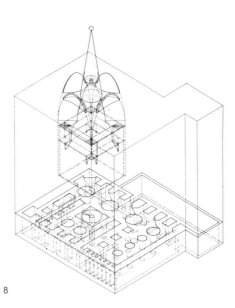
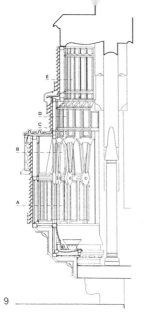

8 Axonometria volumétrica
9 Seção da tribuna da fachada posterior
10/11 Detalhes da tribuna da fachada posterior
12 Vista da fachada posterior

13 Detalhe da entrada da fachada principal
14 Detalhe dos pilares do porão

15 Porta de acesso vista de dentro

16 Detalhe dos arcos e pilares da tribuna da fachada
17 Detalhe dos capitéis
18 Vista interna da tribuna da fachada posterior
19 Detalhe do interior

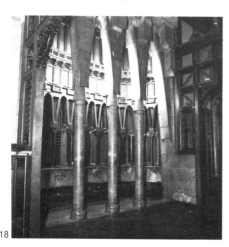

20 Vista do salão principal
21 Planta, alçado e detalhe da escada de serviço
22 Vista do toucador

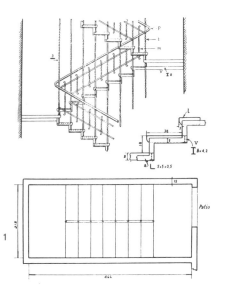

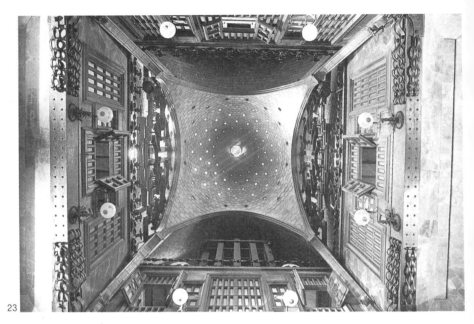

23

23 Interior da cúpula do salão principal
24 Vista das chaminés
25 Detalhe da cúpula do salão principal

24

58

1887-1893 Palácio episcopal. Astorga, León.

Destruída a sede episcopal dessa cidade, por causa de um incêndio, Gaudí recebe a encomenda de construir um novo palácio.
O edifício consta de porão, térreo, andar principal e sótão. Todas as paredes externas que formam as distintas fachadas do edifício foram construídas com pedra granítica de cor cinzenta, ao passo que, no interior, Gaudí utilizou paredes de sustentação, pilares com capitéis e abóbadas sobre cruzamento de ogivas, assim como arcos ogivais.
Com exceção da entrada principal com um pórtico de dois arcos abatidos, o resto do edifício apresenta uma grande unidade de composição. Os distintos torreões, que enfatizam ainda mais a verticalidade, dão uma continuidade à sua vista externa, utilizando o recurso formal neomedievalista no tratamento dos cantos. A força que a massa pétrea adquire faz que essa obra adquira um protagonismo excessivo.
É de se lamentar, mais uma vez, que esse edifício não tenha sido terminado por Gaudí, já que, ao morrer o bispo que o encomendou, o arquiteto renunciou a dirigir as obras de construção do mesmo. Assim, o Palácio Episcopal de Astorga é uma obra devida apenas em parte a Antoni Gaudí. Esse fato se torna bem patente ao observá-lo, embora as pessoas que o finalizaram tenham tentado o tempo todo levar adiante o projeto elaborado por ele.

1 Vista do conjunto do sótão
2 Axonometria, segundo o
  projeto original
3 Seção longitudinal
4 Seção transversal

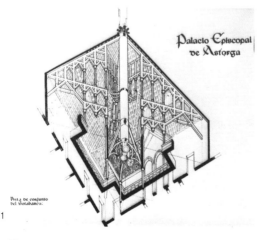

1

60

Palacio Episcopal de Astorga

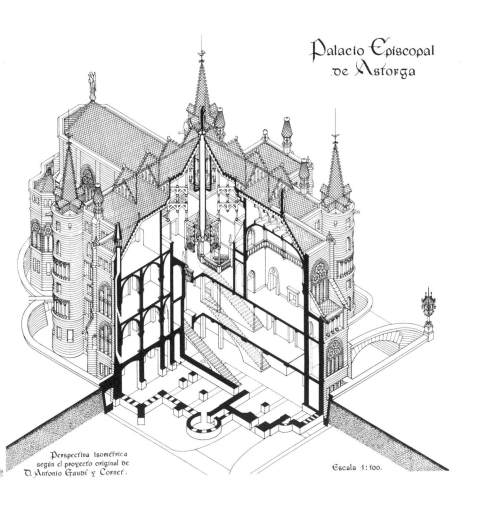

Perspectiva Isométrica según el proyecto original de D. Antonio Gaudí y Cornet.

Escala 1:100.

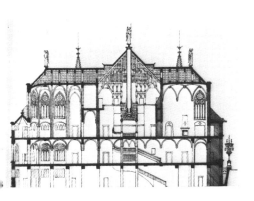

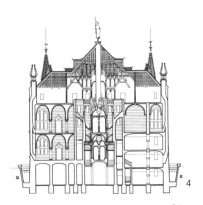

5 Vista geral
6 Vista do palácio e de seu entorno imediato

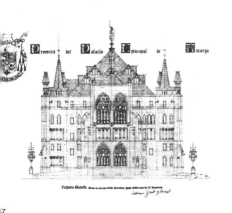
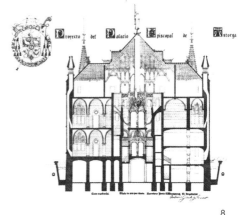

7 Fachada principal do projeto original
8 Seção transversal do projeto original
9 Planta do andar principal do projeto original
10 Planta do sótão do projeto original

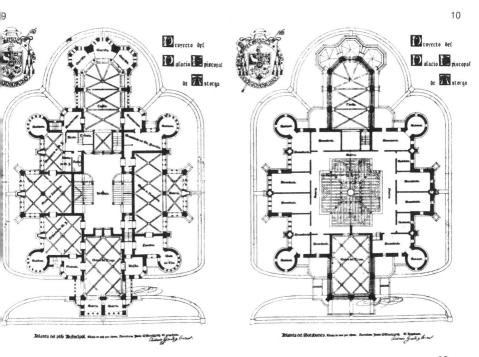

11/12 Vista do projeto em construção
13 Detalhe do pórtico da entrada
14 Fragmento da zona posterior

15 Detalhe da ponte
16 Detalhe da fachada

17 Vista interna do sótão
18 Vista interna do andar principal
19 Detalhe de um capitel

1888-1890 Convento Teresiano. Carrer de Ganduxer, 95-105, Barcelona.
Edifício isolado, de planta retangular e quatro andares, construído em tijolo.
Na composição das fachadas existe um absoluto rigor quanto à disposição dos vazios, sendo a altura delas distinta devido às diferentes funções que se desempenham em seu interior.
Essa defasagem funcional introduz uma maior riqueza ornamental e compositiva no último andar, devido ao duplo jogo com o arco parabólico e à importância do remate. É notável o tratamento dos cantos, com a culminância da cruz de quatro braços.
O rés-do-chão, de grande altura, contém um pequeno vestíbulo de entrada e, em contrapartida, um espaçoso corredor iluminado pelo zênite. Esse corredor forma um eixo longitudinal que irá se desdobrando nos andares superiores.
No primeiro andar, fá-lo-á introduzindo pátios retangulares que recebem os corredores de um claustro.
Nos dois andares restantes, seguirá mantendo uma diminuição da altura, e o corredor será reduzido a uma expressão mais simples e funcional. Gaudí segue um programa na concepção desse edifício, um programa de prioridades perfeitamente definido: economia, rapidez de execução, sobriedade, para citar alguns conceitos que o definem.
Saber conjugar num edifício de planta retangular a disposição das diferentes dependências adjacentes às fachadas de maior dimensão e deixar esse grande espaço longitudinal, em que a luz que penetra delimita certos percursos e em que as zonas quase em beco ficam corporificadas à maneira de sala hipostila, fazem desse edifício um exemplo de como solucionar tanto os aspectos funcionais e programáticos, quanto os de saber compor uma envolvente absolutamente ritmada, mas cheia de uma expressividade especial.
A verticalidade tão acentuada quer opor-se a esse volume, solucionando o problema que supõe uma diminuição da altura interior com uma acentuadíssima verticalidade exterior, enfatizada precisamente no último andar.
Gaudí sabe resolver com esse aspecto externo quase de edifício "pré-fabricado" o grande problema que supõe a repetição de um elemento "n" vezes. Em seu tratamento externo dá prioridade absoluta aos cantos do edifício, ficando em segunda ordem os corpos que indicam a entrada e a caixa das escadas. O ritmo cheio-vazio filtra e equilibra a luz, adequando-a perfeitamente ao uso da sala de aula.

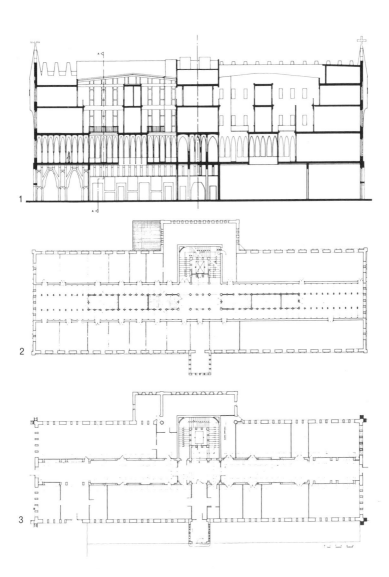

1 Seção longitudinal (segundo LI. Bonet)
2 Andar tipo (segundo LI. Bonet)
3 Rés-do-chão (segundo LI. Bonet)

4 Detalhe da cruz de coroação do canto
5 Detalhe do portão de entrada

6/7 Vistas gerais das fachadas lateral e posterior

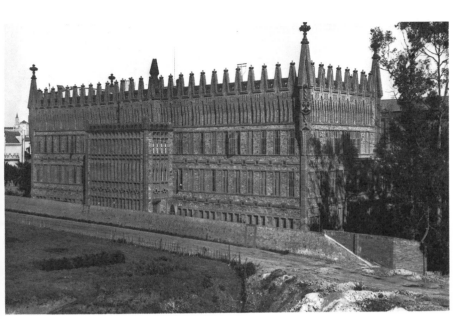

8/9 Vistas do corredor do primeiro andar
10 Vista de uma sala de aula do colégio. Fotografia da época

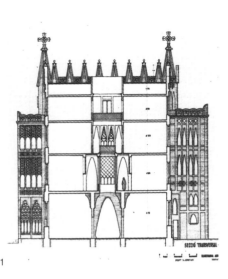
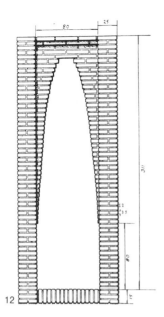

11 Seção transversal
12 Detalhe da abertura da janela
13 Detalhe da fachada principal
14 Vista de uma sala de aula do colégio. Fotografia da época

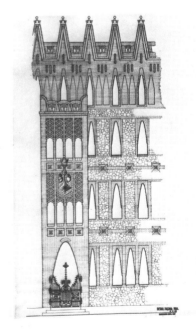

1891-1894 Casa Fernández Andrés (mais conhecida como casa de "**Los Botines**"). Plaza del Obispo Marcelo, León.

O edifício isolado que Gaudí constrói no centro histórico de León é um exemplo do momento de dúvida e incerteza em que se acha imerso. Nele, vemos como apura uma linguagem neogótica já utilizada em obras anteriores. Ao projetar este edifício, Gaudí garante conhecer o lugar onde vai ser construído. Não obstante, prescinde, de certo modo, do entorno, com edifícios de notável importância, implantando uma arquitetura desconhecida em León. A forma de trabalhar a alvenaria, as tribunas cilíndricas com remates de clara influência francesa e um volume excessivo desqualificam esta obra no contexto em que se encontra. Essa certa incoerência formal, todavia, é eludida na solução do projeto do rés-do-chão. Será o primeiro exemplo em que uma estrutura com pilares cilíndricos em leque acompanha perfeitamente a envolvente, produzindo-se um deambulatório entre a pele exterior e o primeiro corredor, efeito que Gaudí utilizará de maneira magistral no Park Güell. O resto dos andares destinados a moradia, com uma estrutura resolvida com paredes de alvenaria, segue perfeitamente a disposição do rés-do-chão. A ordenação das aberturas nas fachadas, onde as janelas geminadas do primeiro andar são conjugadas com outras de menor importância, são rematadas com um volume de revestimento de ardósia e lucarnas que acompanham a verticalidade dos cantos. Umas faixas, que começam como peitoris e cingem todo o edifício, esclarecem uma certa funcionalidade do programa.

1 Rés-do-chão
2 Primeiro andar

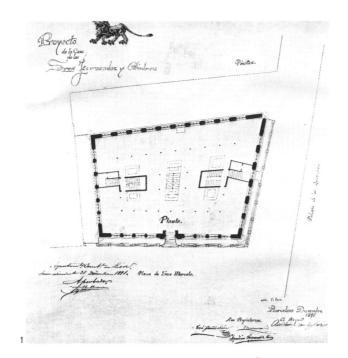

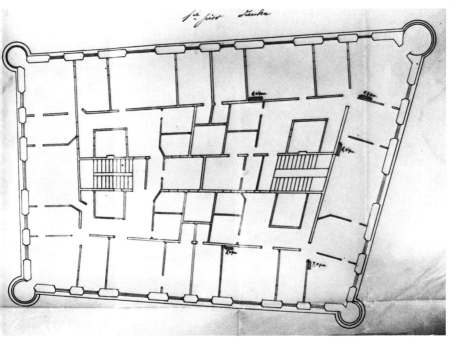

3 Alçado
4 Vista da casa em construção
5 Vista geral
6 Vista da casa e de seu entorno imediato

5

6

7

7 Vista da fachada principal
8 Vista das fachadas lateral e posterior
9 Vista em escorço
10 Fragmento da fachada principal

8

11 Detalhe da fachada e da cobertura
12 Detalhe da grade de proteção
13 Detalhe da entrada principal

1898-1904 Casa Calvet. Carrer de Casp, 48, Barcelona.
Esta obra é o primeiro exemplo de edifício de apartamentos de aluguel entre prédios contíguos que Gaudí constrói no Ensanche.

Com o século XIX chegando ao fim, Gaudí segue uma concepção bastante similar a outros exemplos de características análogas. Os andares térreos procuram refletir, com os pés-direitos maciços, certo embasamento. No andar principal, introduz uma estreita tribuna, ocupando a abertura central das cinco que encontramos em cada andar. A vigorosa alvenaria de pedra da fachada, tratada, de certo modo, sem acabamento, proporciona uma rugosidade e um relevo que um plano único de fachada define. Os balcões, com um volume lobulado, dão a cada abertura uma saída para a rua. O remate, de influência barroca, completa-se com elementos de ferro, característicos de Gaudí. A fachada posterior, mais ambiciosa e pessoal, resolve corretamente o elemento galeria, tão característico desse tipo de edifício. As persianas, dobrando-se simplesmente duas a duas, deixam passar a luz e continuam configurando a volumetria dos corpos das salas de estar.

Em outra ordem de coisas está o esforço no desenho das jardineiras do terraço posterior dos dois andares principais, assim como a decoração de tetos, portas e maçanetas nos apartamentos, sem esquecer o postigo da porta de acesso a cada andar, nem a aldrava.

Gaudí realiza no vestíbulo desta casa uma decoração onde se começa a notar a mudança de século. Vemos elementos com origem na natureza e no corpo humano, afora a porta que dá acesso ao elevador, onde o trabalho em ferro forjado é notável. Salvo dois bancos situados de cada lado, não faltam alegorias nacionalistas-religiosas nas pinturas desse vestíbulo, que lembra um vagão de trem.

Também para a Casa Calvet, Gaudí realizará uma série de móveis de escritório, em que a cadeira, a cadeira de braços de um e dois lugares e a mesa serão a primeira grande contribuição, como conjunto de peças, ao desenho de móveis, que, mais tarde, continuará com uma nova série para a Casa Batlló, além de outras peças mais pontuais, em sua maioria de caráter religioso, que Gaudí já havia realizado.

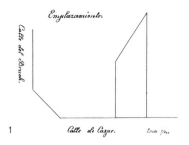
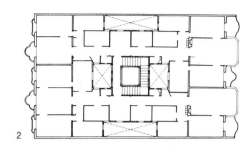

1 Localização da
  Casa Calvet
2 Andar tipo
3 Fachada do Carrer
  de Casp

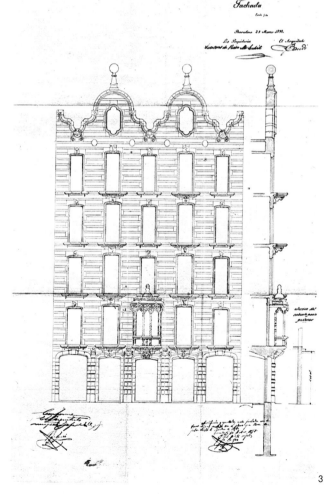

4 Vista da fachada do Carrer de Casp
5 Vista da fachada posterior
6 Detalhe do remate da fachada do Carrer de Casp
7 Vista da fachada posterior. Detalhe

8 Vista parcial do térreo e do andar principal
9 Detalhe da tribuna do andar principal
10 Detalhe do muro do pátio

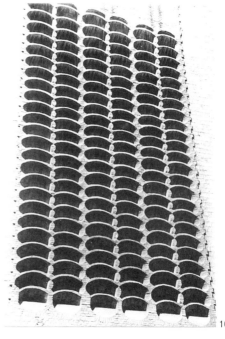

11 Detalhe do número 48 do Carrer de Casp
12 Detalhe da aldrava da porta principal
13 Detalhe da botoeira

 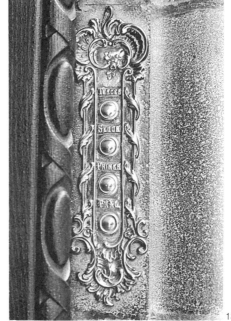

14

15

14 Seção transversal do vestíbulo, segundo Maria Isabel Herrero de Campos, aluna da ETSAB
15 Detalhe da porta do elevador
16 Detalhe da cabine do elevador

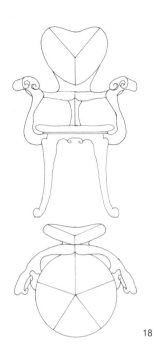

17 Cadeira de braços Casa Calvet
18 Cadeira de braços Casa Calvet. Vista frontal e de cima
19 Cadeira de braços Casa Calvet. Detalhe do espaldar

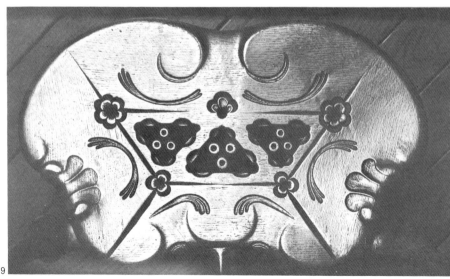

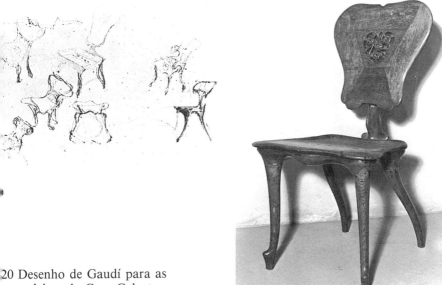

20 Desenho de Gaudí para as cadeiras da Casa Calvet
21 Cadeira Casa Calvet
22 Cadeiras Casa Calvet

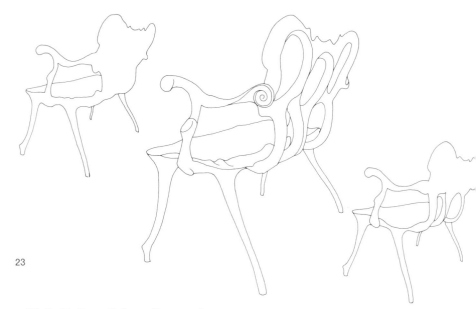

23 Sofá Casa Calvet. Perspectivas
24 Sofá Casa Calvet. Vista posterior

25 Sofá Casa Calvet. Vista anterior
26 Jardineira do terraço do andar principal

1900-1905 Torre Bellesguard. Carrer de Bellesguard, 16-20, Barcelona.

Construída numa zona bastante próxima da montanha de Collserola, no lugar em que o rei Martí l'Humà construíra sua residência, Gaudí enfrenta com este projeto o grande momento da mudança de século. Nesta obra, predominando o respeito por um passado, com uma vontade nacionalista, veremos como se eleva uma moradia com um volume contundente, opaco e fechado em si, onde continua a idéia anterior da defesa. As aberturas são geminadas e triformes, exceto no plano que fica sobre o acesso principal, onde balcões quebram esta lâmina austera e dura.
A torre ao canto, coroada com a cruz de quatro braços, símbolo da arquitetura de Gaudí, impõe-se como referência.
Essa sensação de dureza e austeridade se quebra no tratamento dos espaços internos. Mais uma vez, a construção tradicional com abóbadas revestidas e paredes de alvenaria configuram este edifício, enriquecendo as dependências do andar nobre.
A lucarna, resolvida com arcos de alvenaria de tijolo de paramentos leves, é uma mostra de como Gaudí empregava o tijolo, deixando um testemunho de sua evolução no domínio tanto formal como construtivo desse material. Mais uma vez, joga com uma planta quadrada, acrescentando-lhe outra de dimensões mais reduzidas num dos cantos. Essa disposição é conjugada em todos os andares, ao passo que o último a utiliza como tambor da torre pontuda de plano octogonal, como se se tratasse de uma abóbada.

1 Térreo
2 Primeiro andar
3 Segundo andar
4 Terceiro andar
5 Mansarda
6 Cobertura

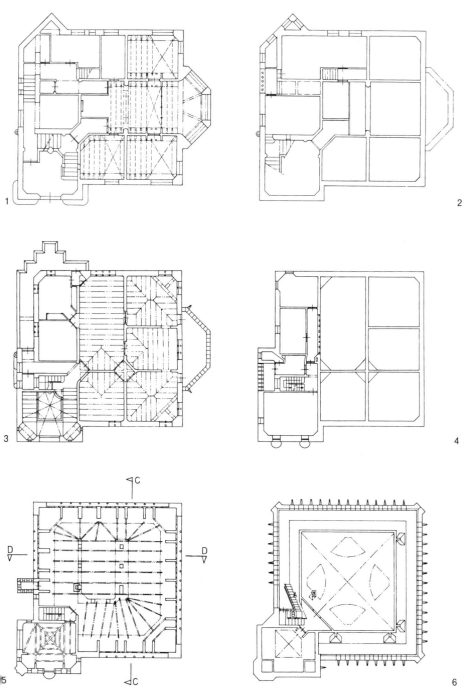

7 Perspectiva axonométrica, segundo alunos da ETSAB
8 Seção transversal
9 Alçado, segundo Antonio Toscano González, aluno da ETSAB

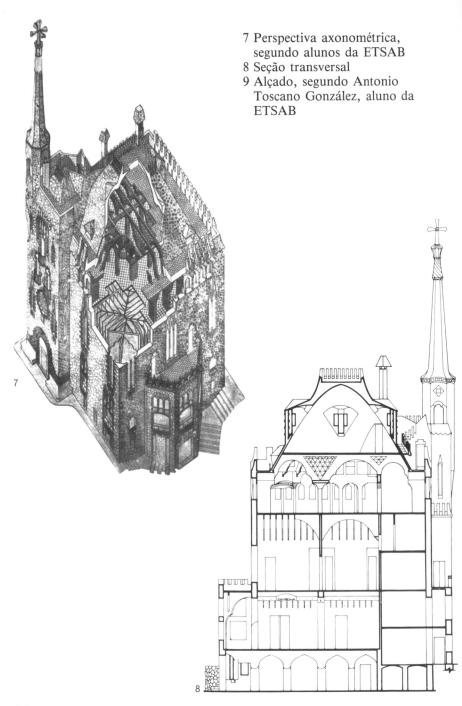

10 Vista geral. Fotografia da época
11 A torre vista do jardim. Fotografia da época
12 Vista da fachada lateral da entrada
13 Vista do entorno, a partir do torreão

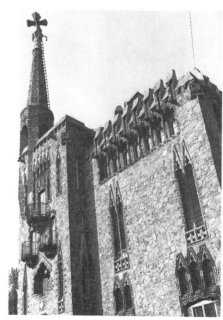

14 Detalhe das janelas e da galeria
15 Vista da fachada, a partir da entrada
16 Detalhe do canto com o banco
17 Detalhe da porta de entrada
18 Vista do porão

19
20

19 Escada vista da entrada
20 Escada em seu último lance
21 Vão central da escada
22 Detalhe da estrutura do vão da escada

21 22

23 Detalhe da janela situada sobre a porta de entrada
24 Vista da cobertura
25 Vista da mansarda

26

26/27 Vistas da mansarda

27

2

1900-1914 Park Güell
1901-1902 Portão e muramento da chácara Miralles
1903-1914 Restauração da Catedral de Ciutat de Mallorca
1904-1906 Casa Batlló
1906-1910 Casa Milà i Camps, "La Pedrera"
1898-1908-1915 Cripta da Colônia Güell
1909-1910 Escolas da Sagrada Família

1900-1914 Park Güell. Muntanya Pelada, Carrer Olot, s/n Barcelona.
Arquiteto colaborador: Josep Maria Jujol e outros.

Numa extensa encosta de 20 hectares na Muntanya Pelada, propriedade da família Güell, com vista excepcional para a planície da cidade, situar-se-á o segundo grande parque de Barcelona. Embora receba a denominação que lhe atribui um caráter público, a idéia original se coloca mais como uma urbanização, com seus serviços correspondentes, do que como zona pública. Seguindo os exemplos de outras cidades européias, Eusebi Güell deseja que a sua tenha uma cidade-jardim singular.

Gaudí concebe a organização de uma série de equipamentos na zona mais próxima do acesso principal, assim como de sessenta lotes, todos unidos por diversas vias com um comprimento total de três quilômetros, que irá vencendo o forte aclive graças a um traçado sinuoso. Só se construirão duas casas. Uma delas será a nova residência do promotor da obra e a segunda, de acordo com o projeto de Francesc Berenguer, a que o próprio Gaudí ocupará por vários anos.

Gaudí realiza um trabalho exemplar no tratamento desse conjunto. Nele, desenha diferentes elementos: dois edifícios que assinalam o acesso principal, situado na Calle de Olot, uma colunata de inspiração dórica que suporta uma grande plataforma, viadutos para vencer desníveis no novo traçado do parque e um muramento, que nada mais é que a culminância de todo um trabalho realizado anteriormente.

Os dois edifícios, que indicam o acesso principal, estão destinados, um à casa do guarda do parque, o outro ao lugar de espera e reunião para os visitantes. Essa concepção nos recorda a realizada nos pavilhões da chácara Güell. Aqui não encontramos um portão com dragão, mas dois edifícios que, com suas formas, emolduram uma grande escadaria com uma fonte, que abriga um dragão em posição de vigia. Esses dois edifícios não podem desvincular-se da praça de acesso. Os muros curvos que acompanham a escadaria são tratados como se tivéssemos acesso a uma grande sala do andar nobre de um edifício representativo. O cromatismo desse acesso, devido ao *trencadís* de cerâmica, quer chamar a atenção do visitante e situá-lo plenamente neste lugar; uma concepção um tanto barroca se percebe nesse espaço. Também no edifício da esquerda encontramos a torre, dessa vez modelada e coroada com um etéreo elemento de ferro, que suporta a cruz de quatro braços. Continuamos observando como Gaudí utiliza os tópicos próprios, os sinais de identidade, os pontos de referência que não são mais que um perfeito reflexo da singular personalidade desse arquiteto.

Sem dúvida, devem ser destacadas as coberturas desses dois torreões do acesso, cuja melhor visão é obtida se nos situarmos na porta de entrada lateral para veículos.

Como continuação desse acesso principal, chegamos, talvez com excessiva rapidez, à sala hipostila, onde, com uma habilidade surpreendente, Gaudí passa de um espaço curvo aberto a um espaço fechado em si. As colunas, que suportam a grande plataforma, encontram-se dispostas segundo

1 Vista da época. Pavilhões da porta principal

uma retícula. Os medalhões circulares que, em número de quatro, ocupam o lugar correspondente a dois pares, são peças únicas com um cromatismo excepcional, devidos à força criadora de Jujol. Eles não são mais que "chaves" que coroam o espaço que delimita o perímetro das peças modulares na parte superior dos capitéis. As colunas inclinadas do limite exterior dessa sala suportam uma arquitrave que se fundirá num diálogo excepcional com a sinusóide do banco da praça. Nesse banco, devido a Jujol, é importante observar como se pode chegar, com resíduos de material cerâmico, a uma colagem qualificada de precursora de novos movimentos artísticos.

É importante destacar o fato de que toda a cromaticidade do parque é encontrada em elementos sobrepostos, acrescentados. Assim, os viadutos são o exemplo de todos aqueles que dialogam estreitamente com a topografia do sítio, adquirindo certas vezes uma simbologia, outras vezes comportando-se como simples colunas cilíndricas que dialogam perfeitamente com a lógica estrutural. Todos eles são feitos de pedra do lugar, tratada em bruto, mas escolhendo-se perfeitamente sua posição. Onde a hera se encontra como interlocutora, a pedra é pequena; onde o muro precisa ser poderoso, inclina-se, formando um claro-escuro de cepa clássica e de massa pétrea mais rugosa; onde se produzem curvas com grande desnível, encontramos colunas que, com helicóide modelada, indicam uma mudança e um movimento importante. Onde o caminho é mais suave, canteiros dialogam com as palmeiras, com uma textura absolutamente mimética, percebendo-se inclusive uma mudança entre o tronco e o capitel. Onde o caminho se transforma numa passagem elevada à maneira de ponte, jardineiras de grande altura protegem e acompanham o trajeto, sempre com uma referência na pavimentação, à maneira de um tapete contínuo.

O muramento, na Calle de Olot, adquire sua máxima importância. Ele se apresenta como fachada, como elemento arquitetônico perfeito. Uma base, uma zona intermediária urbana de onde poderíamos encontrar as aberturas da torre de Bellesguard e uma zona mais leve, que se comporta como suporte do cimo em cerâmica vidrada do muro, em que aparece o movimento ascendente-descendente que emoldura os medalhões, com a inscrição alternada de "Park" e "Güell".

2 Planta geral do
  Park Güell
  (César Martinell)

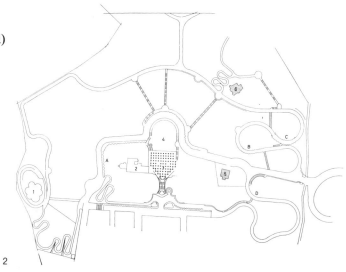

3 Portaria e anexos do portão principal

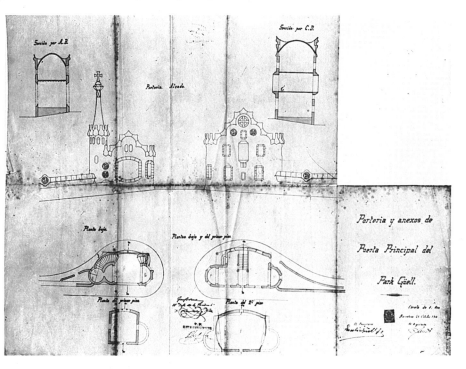

4

5

4 Medalhão do muro
5 Medalhão do muro
6 Alçado do pavilhão do portão principal, segundo Joan Ignasi Riera i Mas, aluno da ETSAB
7 Vista do pavilhão do portão principal

8 Detalhe dos telhados dos pavilhões do portão principal
9 Detalhe da fachada do pavilhão do portão principal

10 Detalhe da torre do pavilhão do portão principal
11 Alçado do pavilhão do portão principal, segundo Concepción Rodríguez Arribas, aluna da ETSAB

12 Detalhe da grade da janela do pavilhão do portão principal

13 Detalhe da escadaria do Park
14 Vista aérea da escadaria do Park

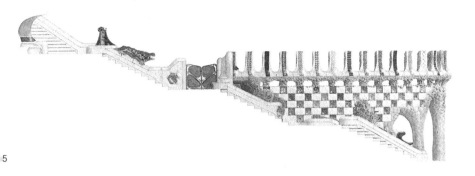

15 Seção da escadaria do Park, segundo Sara Herrero Matey, aluna da ETSAB
16 Alçado da colunata da sala hipostila, segundo Carlos Puig Falcó, aluno da ETSAB
17 Planta do teto da sala hipostila, segundo Núria Llaverias Baques, aluna da ETSAB

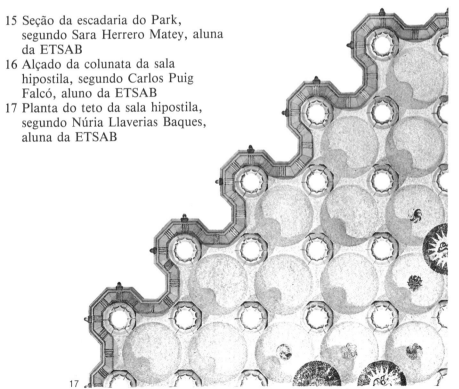

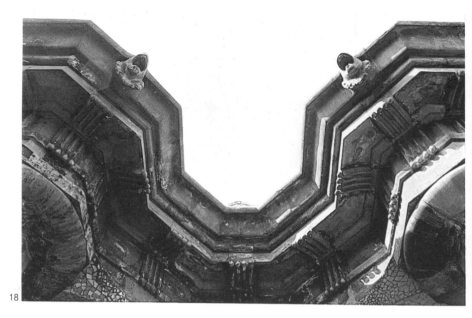

18 Detalhe do remate da colunata da sala hipostila
19 Vista da colunata a partir da escadaria do Park
20 Fragmento da colunata e remate da sala hipostila

21 Vista das colunas da sala hipostila
22 Vista das colunas da sala hipostila

23 Vista de um dos extremos do banco
24 Axonometria estrutural da sala hipostila (Ignacio Paricio)

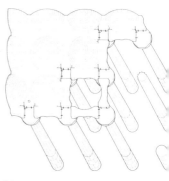

25 Vista de conjunto do banco e das colunas
26 Planta modulada do banco (Ignacio Paricio)

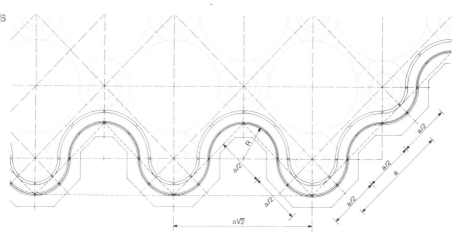

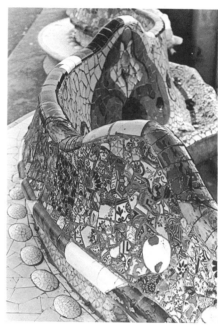

27 Vista do banco com a torre do pavilhão da porta principal
28/29 Detalhes do banco

30/31 Detalhes do banco

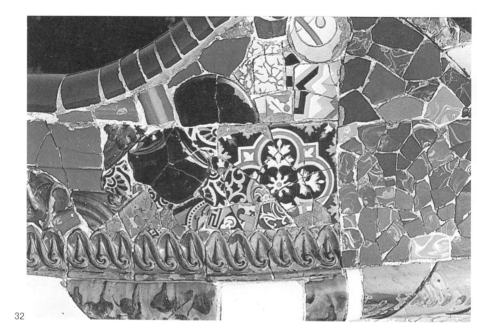

32/33 Detalhes do *trencadís* do banco

34/35 Detalhes do *trencadís* do banco

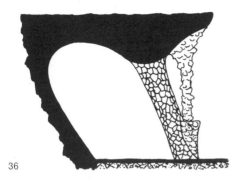

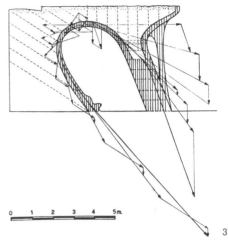

36 Seção de um pórtico
37 Seção de um pórtico com o diagrama de cargas e empuxos (segundo Joan Bergós)
38 Seção pela rampa circular de um pórtico
39 Detalhe do portão de acesso a um pórtico

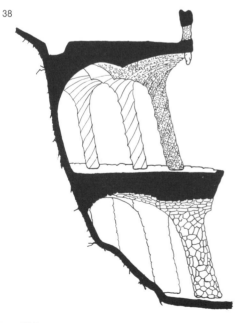

40/43 Diversas vistas dos pórticos. Detalhe de uma escultura

44 Detalhe de um capitel do pórtico
45 Seção e alçado de um pórtico (Ruiz Vallés, Movilla, Pellicer, Recasens, Sarabia e Villanueva)
46 Seção de um pórtico
47 Detalhe de um pórtico

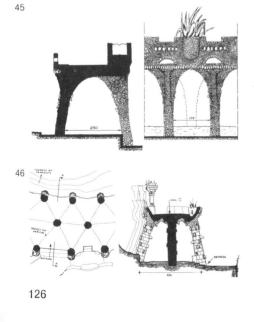

48 Vista de um canto do Park
49 Vista de conjunto de um pórtico
50 Detalhe das jardineiras

1901-1902 Portão e muramento da chácara Miralles. Passeig de Manuel Girona, Barcelona.

Com esta pequena obra, em que aparece apenas um portão e um muro de pedra, vemos como Gaudí rompe com um passado oitocentista e adentra o novo século XX.
O tratamento do portão como abertura no muro reforça essa idéia de muramento contínuo. O telhado da entrada com suas duas águas, formando um ângulo e sustentado por elementos metálicos trançados, é coroado pela cruz de quatro braços.
O perfil serpenteante do muro ao se aproximar da porta quase se perde, como um jogo, e amplia-se, constituindo-se em suporte homogêneo das duas aberturas.

1 Vista em escorço
2 Vista lateral
3 Vista geral. Fotografia da época
4 Detalhe do muro
5 Vista central do telhado do portão
6 Detalhe do portão de entrada para pedestres

129

1903-1914 Restauração da catedral. Ciutat de Mallorca. Arquitetos colaboradores: Francesc Berenguer, Joan Rubió Bellver e Josep Maria Jujol.

A intervenção de Gaudí nesse edifício, do mais puro gótico catalão, limita-se a uma operação de ordenar, por um lado, a nave central, colocando o coro no prebistério e, por outro, de adequar a catedral à nova função religiosa. Ao mudar o coro de lugar, decora as paredes que servem de apoio ao mobiliário com uma ornamentação pictórica que evoca temas da natureza. Junto com a adequação do altar-mor, situando-o como elemento livre para poder oficiar a função religiosa mais perto dos fiéis, Gaudí incorpora uma nova iluminação, que, ao modo de baldaquim, resolve o novo cruzeiro, o novo lugar do altar. De alguma maneira, a justaposição de concepções distintas num espaço de três naves, perfeitamente ordenado, introduzirá essa inovação de vontade de diálogo entre oficiante e ouvintes, assim como entre o gótico e o barroco.

Um grande lustre, com uma inclinação correta, emoldura o lugar e se converte num elemento mais autônomo, conforme sua posição, acompanhada de outras intervenções menores. Assim, no púlpito, tornamos a encontrar uma referência à entrada principal do Palácio Episcopal de Astorga e os lustres de ferro fundido, que limitam um espaço mais controlado pelo visitante, efeito produzido de forma similar pela grande cornija nas igrejas barrocas.

1 Seção transversal. Croquis
2 Andar superior

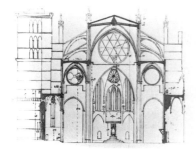
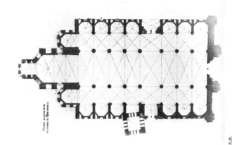

 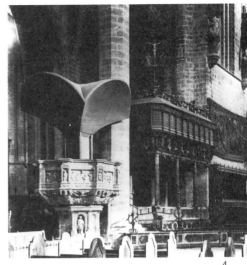

3 Esboço preliminar do baldaquim
4 Intervenção no púlpito
5/6 Vistas da nave central com o grande lustre

1904-1906 Casa Batlló. Passeig de Gràcia, 43, Barcelona. Arquiteto colaborador: Josep Maria Jujol.

Edifício entre prédios contíguos, com térreo, andar principal, quatro andares e mansarda, na rua residencial mais importante de Barcelona.
Antes de mais nada, convém recordar dois fatos importantes: primeiro, que, em 1900, Josep Puig i Cadafalch termina a Casa Ametller e, segundo, que a Casa Batlló é um projeto de reforma de uma residência típica do bairro barcelonês de Cerdá.
Gaudí, a todo instante, está consciente desses dois aspectos, já que, quando vemos sua obra realizada, podemos constatar até que ponto a intervenção na Casa Ametller foi um dado determinante do projeto. A empena escalonada desta condiciona enormemente a seqüência que se produzirá com a casa vizinha. Gaudí estuda escrupulosamente a ligação entre ambos os edifícios e obtém como resultado a forma cilíndrica, coroada pela cruz de quatro braços, símbolo de sua obra, que regula e compensa perfeitamente a mudança de altura, além de nos surpreender com o remate curvilíneo escamoso, ascendente e descendente, onde forma e textura constituem um todo harmônico. A fachada recoberta com *trencadís* forma uma suave ondulação e um cromatismo excepcional, sem dúvida devido à colaboração de Josep Maria Jujol, sendo um perfeito suporte para esse remate que comentávamos, à parte os dois balcões de ferro que, em sua forma, compensam e continuam os volumes da tribuna corrida do andar principal.
É nesse que Gaudí intervém com maior força. A entrada independente, como era usual no andar "principal" desses prédios, nos leva a um espaço quase mágico, em que os estuques a quente, a carpintaria, o mobiliário e os tetos conjugam-se num movimento absolutamente relaxante. Todo o espaço é projetado por Gaudí.
O grande espaço interno, que contém a escada e que dá origem a dois poços de luzes, que se comunicam entre si graças às aberturas nos patamares, é como uma outra fachada e, quase poderíamos dizer, outra casa. O revestimento cerâmico, que irá mudando sua intensidade, do azul, se estivermos na parte superior, onde a cor é mais escura para compensar a luz que penetra pela grande clarabóia que marca um eixo longitudinal — um corte na casa —, ao azul quase branco que encontramos na junção desses poços com o térreo, fazem todo um *dégradé*, que contribui para que a luz se distribua quase por igual e, em conseqüência, para apreciar esse espaço quase como uma caixa forrada, com uma absoluta coerência e racionalidade.

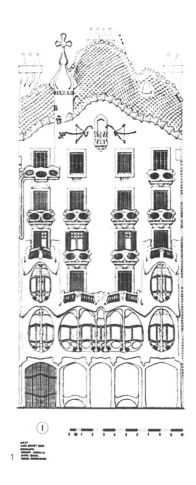 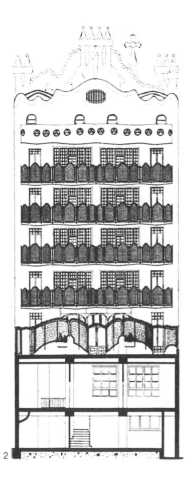

1 Fachada do Passeig de Gràcia (segundo Ll. Bonet)
2 Fachada posterior (segundo Ll. Bonet)

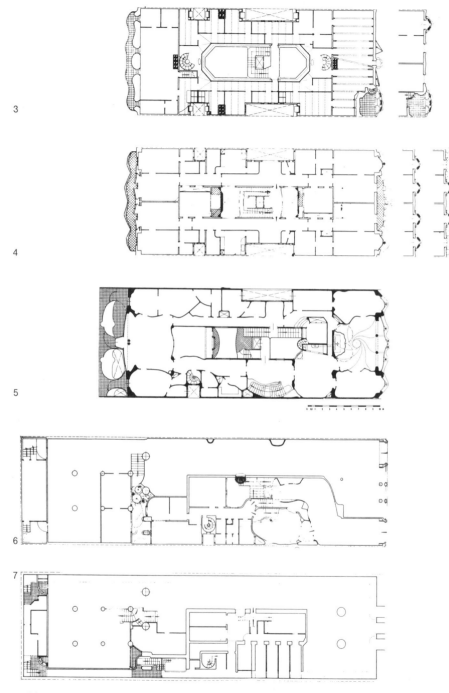

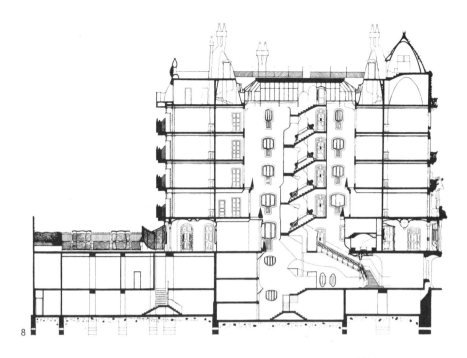

3/7 Andares: porão, térreo, principal,
   padrão e terraço (segundo Ll. Bonet)
8 Seção longitudinal (segundo Ll. Bonet)
9 Seção transversal (segundo Ll. Bonet)

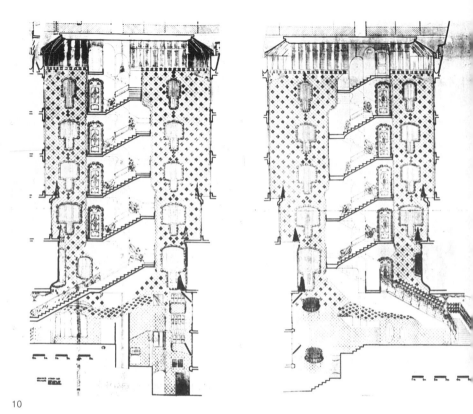

10
10 Alçado do pátio interno (segundo LI. Bonet)
11 Alçado do pátio interno (segundo LI. Bonet)

12 Vista da fachada principal

13/15 Detalhe da fachada principal e da tribuna do andar principal
16 Vista da fachada posterior

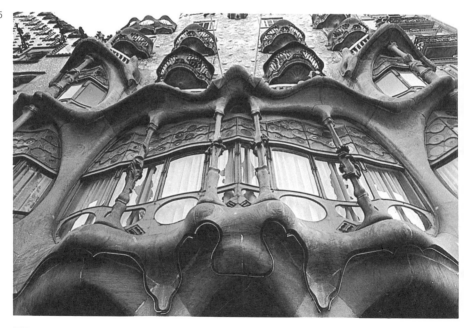

17 Vista das chaminés da cobertura
18 Detalhe do remate da fachada principal
19 Detalhe do grupo de chaminés da cobertura

140

20 Vista interna do vestíbulo
21 Aspecto do resguardo do vestíbulo

22/23 Vistas do pátio interno

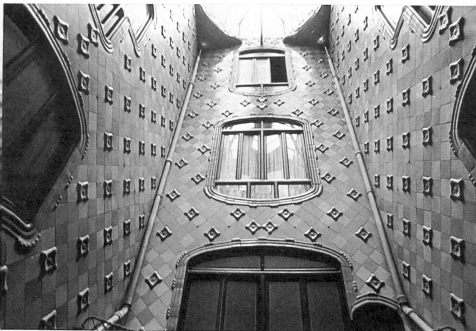

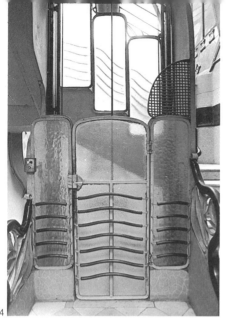 

24 Detalhe da porta do elevador
25 Detalhe da clarabóia da cobertura
26 Detalhe de um patamar
27 Detalhe da escada

28/31 Vistas da época do andar principal

32

32/34 Detalhes do andar principal

33

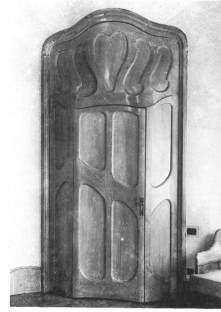

35/36 Vistas das cadeiras da Casa Batlló

1906-1910 Casa Milà i Camps, "La Pedrera". Passeig de Gràcia, 92, Barcelona. Arquiteto colaborador: Josep Maria Jujol e outros.

Constituindo a esquina de um quarteirão do Ensanche Cerdà delimitado pelo Passeig de Gràcia e o Carrer Provença, Gaudí realiza seu terceiro e último edifício de apartamentos de aluguel. Suas duas entradas independentes, uma pela esquina, a outra pela Calle Provença, conferem a este edifício características singulares quanto à organização e à concepção. Gaudí evita o pátio interno dos edifícios do bairro e, como na Casa Batlló, pretende dar a esse espaço uma importância de segunda fachada. Veremos, assim, como o primeiro, enquanto espaço circular cilíndrico, e o segundo, também circular, mas com duas seções retas paralelas à fachada, se definem como elementos autônomos e, de certo modo, urbanos.
A onda sinusoidal que confere um movimento excepcional à fachada, absolutamente contínua, eludindo os cantos vivos e com um componente horizontal acentuado, se contradiz nos dois pátios internos, em que vemos uma vontade estrutural distinta com uma acentuada verticalidade modulada. As escadas que dão acesso aos andares principais são tratadas como elementos externos, cobertas com uma estrutura semitransparente que segue e articula o movimento da mesma.
Gaudí desenhou todos os elementos que acabam este edifício. Assim, as portas de entrada de cada apartamento, bem como as portas internas, as cabines dos elevadores, os tetos em que, conforme os cômodos, se ilustravam com movimentos ornamentais e curtos poemas escritos, os pisos, tanto hidráulicos como de madeira, são todos eles temas habituais de seu modo de acabar a arquitetura. A fachada principal, toda ela modelada em pedra, como se se tratasse de um metal repuxado, converteu-se, ao longo das décadas sucessivas, no elemento emblemático do edifício.
Acompanhada de balaustradas de ferro fundido, devidas a Jujol, e enegrecidas pela passagem dos anos, vemos ademais como as aberturas não se recortam, nem se definem como um elemento singular, mas ficam num segundo plano de importância, fato deveras paradoxal numa fachada. Será, sem dúvida, uma antecipação da que mais tarde se chamará arquitetura orgânica. Independentemente dessa apreciação e como remate ou terraço do edifício, encontramos toda a série de chaminés e respiros que, a modo de piões inamovíveis, protagonizam um jogo espetacular. Nesse último pavimento, as pequenas escadarias que vão vencendo os distintos níveis, devidos aos arcos parabólicos de alvenaria de tijolo da mansarda, configuram-se como perfeitos acompanhantes desse passeio, em que só é possível contemplar essas esculturas de distintas feições.
Por fim, é de se lamentar o estado em que se encontram as pinturas dos dois grandes vestíbulos, bem como as dos dois grandes pátios. Há certo contrasenso quanto ao fato de esses fragmentos pictóricos de Gaudí terem sido esquecidos, num menosprezo às artes menores que acompanharam com tanta felicidade os edifícios gaudianos.

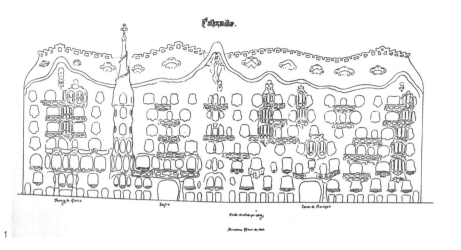

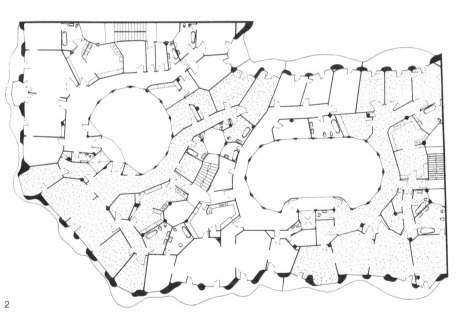

1 Esboço do desenvolvimento da fachada principal
2 Planta tipo, segundo César Martinell

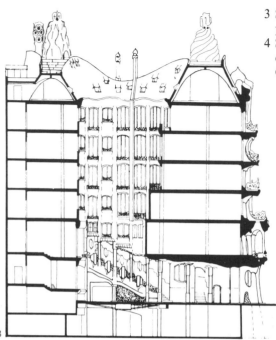

3 Seção transversal vista do pátio circular
4 Seção transversal do pátio da Calle Provença, segundo Gaudí - Grope, Delft

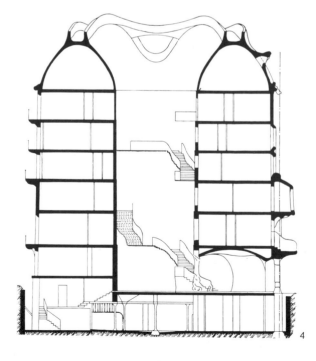

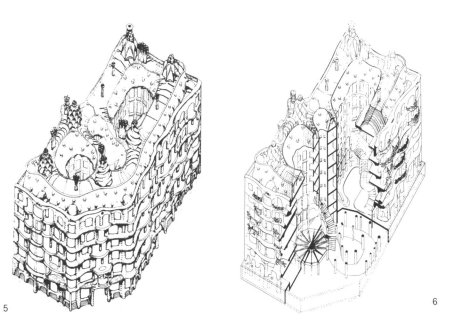

5 Axonometria, segundo H. Tanaka e S. Tarragó
6 Axonometria seccionada, segundo H. Tanaka e S. Tarragó
7 Vista geral em 1910

8 Vista geral em 1917
9 Maquete da fachada, segundo J. Beltrán, sob a direção de A. Gaudí
10 Fragmento da fachada principal

11/13 Fragmentos e detalhes da fachada principal

14 Limite da fachada principal no Passeig de Gràcia
15 Detalhe da fachada principal
16 Detalhe do andar principal

17

18

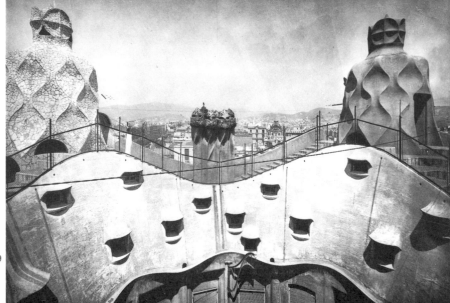

19

17 Detalhe do balcão
18 Vista do remate do edifício
19 Detalhe do terraço de cobertura, 1927
20/21 Detalhes de chaminés e caixas de escada

Páginas seguintes:
22 Detalhe do *trencadís*
23 Vista sobreposta de três elementos do terraço de cobertura

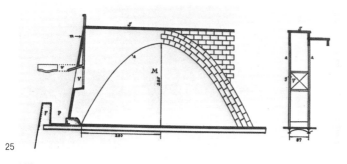

24 Vista em escorço do remate da fachada posterior
25 Seção de arco parabólico da mansarda

26 Vista da mansarda antes da intervenção dos anos 50
27 Planta tipo da estrutura do teto

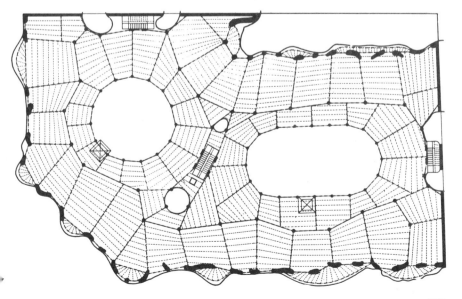

28 Vista do vestíbulo do pátio circular em 1914
29 Interior da entrada pela esquina

30 Vista do pátio circular
31 Vista do pátio correspondente à entrada pelo Carrer Provença

1898-1908-1915 Cripta da Colônia Güell. Santa Coloma de Cervelló, Barcelona.

Gaudí recebe em 1898 de Eusebi Güell a encomenda de construir uma igreja na colônia têxtil operária de sua propriedade. Durante os dez anos seguintes à encomenda, Gaudí realiza um sem-número de estudos e maquetes acerca de como solucionar a estrutura dessa igreja.
Gaudí quer chegar a uma síntese de todas as forças que concorrem e trabalham num edifício. Analisa de modo cuidadoso o comportamento estrutural das igrejas góticas. Não obstante, quer dar um passo adiante, reduzindo colunas e contrafortes, encontrando um único elemento estrutural que absorva todas as forças que nele concorrem. Assim reduz todos os componentes a uma única resultante que, embora inclinada, lhe permitirá dar uma nova solução a esse edifício.
Só são conhecidos um par de esboços da visão de conjunto da igreja, de que só se construirá a cripta.
Nesse edifício, a vontade expressionista chega a seu máximo esplendor.
Quando se observa o espaço interno, vemos como ele pode dividir-se em duas zonas: uma primeira, central, que abriga a posição do altar, e uma segunda, que, a modo de deambulatório, percorre todo o perímetro em forma de U.
A visão da primeira zona será mais didática, observando a estrutura do teto, suportada por quatro colunas inclinadas e uma parede à maneira de abside, com suas absidíolas que localizam e abrigam esse primeiro recinto.
Na segunda, que abraça a primeira, vemos como se desenvolve uma dupla circulação em torno do corredor central, ficando indicado na estrutura do teto o lugar em que se produz um giro de 180°. Essa visão não corresponde em absoluto a um modo de utilizar a cripta, já que todo o interior funciona como espaço único. Esses dois espaços descritos ocupam aproximadamente a metade da planta.
É importante destacar, neste edifício, a diferença existente entre o interior e o exterior. Assim como o interior tem de focalizar a atenção do visitante num ponto — o altar —, a leitura do exterior se revela bastante difícil, dado que o bosque do entorno tenta disfarçar e esconder o que teria sido o embasamento do conjunto. É admirável o tratamento dos sucessivos pórticos do átrio, que, de alguma maneira, querem ser uma continuação dessa disposição um tanto aleatória que as árvores oferecem.
O próprio teto é tratado com suavidade e cromatismo, como se fosse um arvoredo. As onze colunas inclinadas que formam esse átrio têm texturas distintas e são tratadas de maneira díspar, como se quisessem enriquecer com novas espécies o bosque de pinheiros que a circundam, atuando como preâmbulo perfeito do espaço interior. Os diversos recintos triangulares que encontramos no teto desse pórtico, com um tratamento suavizado pela mistura de elementos cerâmicos vitrificados com outros de feitura opaca, todos eles nivelados com o material aglomerante, dialogam com os contrafortes da pele externa da cripta.

1 Esboço preliminar do exterior

A textura pétrea do perímetro externo, que quase teria querido ficar escondida atrás de uma densa hera, vê-se coroada por aberturas que recordam diversas formas do corpo humano. Neles se inscrevem os vitrais que, com suas diversas formas geométricas, quase sempre incluindo uma cruz em movimento, fazem com que o interior adquira uma grande diversidade de cor, segundo a incidência da luz solar. O ar de mistério que poderia ter como volume vazio transforma-se com o mobiliário, sobretudo com o banco de pequenas dimensões, o qual articula o espaço interior.

Nos jardins contíguos repousam, à maneira de túmulos, as colunas de pedra que tinham sua localização no andar superior.

Nesta Cripta da Colônia Güell, Gaudí resume todo o seu esforço para encontrar seu próprio diálogo entre ele e sua obra, longe de vinculações que possam incomodar esse novo trabalho. Deixa de lado possíveis dependências para com as regras, busca uma arquitetura absolutamente expressiva e acerta indubitavelmente em seu resultado formal, muito embora seja a obra em que mais arrisca e em que consegue um total e absoluto reconhecimento. Mais uma obra inacabada que, se se encontrasse numa grande metrópole, teria tido outra sorte.

2 Esboço do interior
3 Planta geral da Colônia Güell

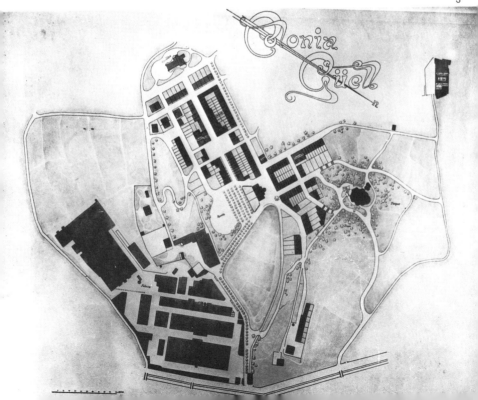

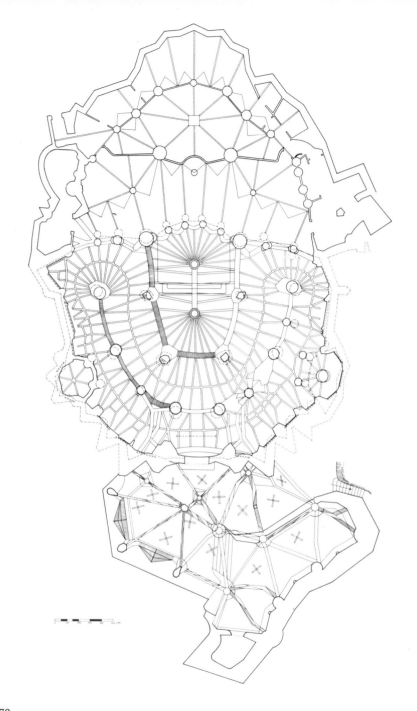

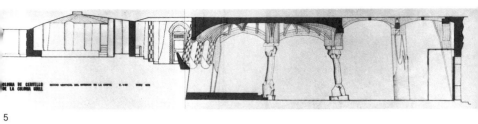

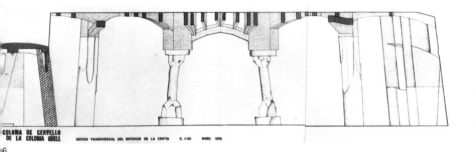

4 Planta da estrutura do teto (segundo LI. Bonet)
5 Seção longitudinal (Arxiu Històric, COAC)
6 Seção transversal (Arxiu Històric, COAC)
7 Vista da cripta em construção

8 Vista frontal do pórtico de entrada
9 Vista lateral do pórtico de entrada

10/11 Fragmentos do pórtico de entrada

Páginas seguintes:
12 Vista geral do interior a partir da entrada

13/15 Detalhes do pórtico de entrada
16 Vista lateral do pórtico com o bosque ao fundo

17

17 Vista da fachada lateral com as janelas
18 Detalhe das janelas
19 Planta, alçado e seção de duas janelas
20 Fragmento do interior

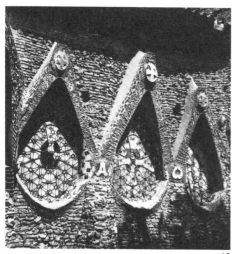

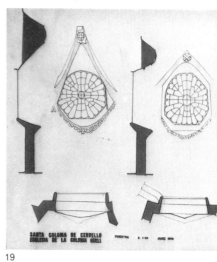

18   19

178

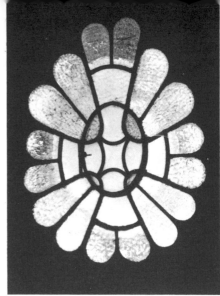

21 Vista da maquete-estudo de forças
22 Vista de uma janela do interior
23 Vista da pia de água-benta
24 Vista interna da cripta em construção

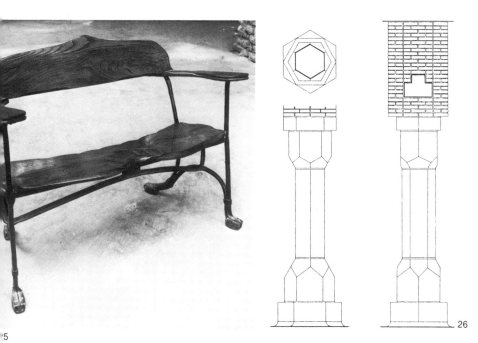

25 Vista do banco
26 Alçados e planta de coluna (segundo J. Molema)
27 Colunas deitadas no bosque

1909-1910 Escolas da Sagrada Família. Barcelona.

Este pequeno edifício, de caráter provisório, situado no mesmo quarteirão do Templo, corresponde a critérios de economia e rapidez de execução. Com uma superfície de duzentos metros quadrados, 10 x 20 m, e a possibilidade de subdividi-la em várias salas, Gaudí utiliza mais uma vez a sinusóide, mas aqui como envolvente global, isto é, em sua condição de parede e cobertura.

A estrutura, de grande simplicidade, resolve-se com pilares que sustentam um perfil longitudinal central que suporta a trama da cobertura, a qual, ao se apoiar na parede inclinada ascendente-descendente, provoca o plano ondulado da mesma.

Tudo na edificação é resolvido com a mesma peça de tijolo maciço. As aberturas das janelas, bem como das portas, requerem listéis laterais, dado que a espessura das paredes é mínima.

A fragilidade, a liberdade de compartilhar o espaço interno, adequando-o às necessidades do momento, a lição de saber dar forma e volumetria a um edifício tão discreto em suas magnitudes totais, fazem com que seja um exemplo a levar em conta.

1 Planta geral

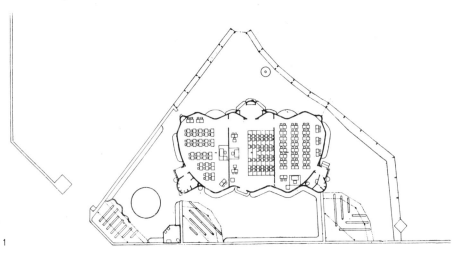

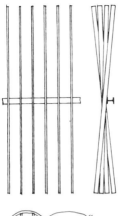
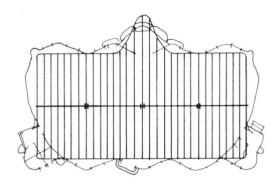

2 Planta e detalhe da estrutura do teto
3 Seção transversal
4/5 Alçado principal e posterior

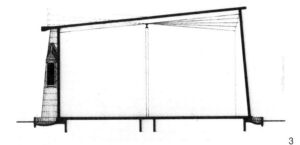
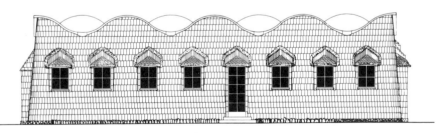
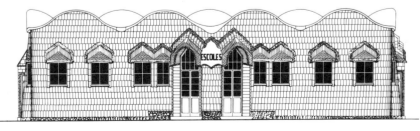

6 Fragmento da fachada
7/8 Vistas internas das salas de aula em 1913

6

7   8

184

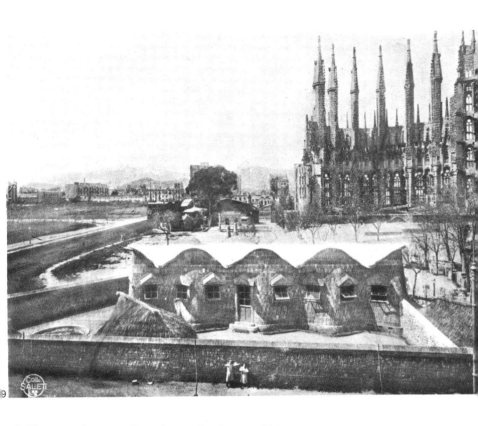

9 Vista geral com o Templo ao fundo em 1913
10 Vista da entrada

3

1883-1926 Templo Expiatório da Sagrada Família

1883-1926 Templo Expiatório da Sagrada Família. Quarteirão do Ensanche Cerdà, delimitado pelas ruas Provença, Cerdenya, Mallorca e Marina. Barcelona.

Na introdução deste livro qualificamos essa obra como o eterno presente de todo o labor profissional gaudiano.

No dia 3 de outubro de 1883, Gaudí está com 31 anos de idade e aceita a encomenda de prosseguir o trabalho iniciado por Villar, que lhe é feita por intermédio do arquiteto Joan Martorell. Gaudí dedicará quarenta e três anos a esse templo. Não obstante, os quinze últimos serão totalmente diferentes. Por volta de 1910, Gaudí deixa Barcelona para repousar uma longa temporada em Puigcerdà, junto a seu médico. A partir desse momento, não aceitará novas encomendas e, ao voltar, muda sua residência para o escritório-ateliê do templo. Dedicará aí todo o seu trabalho à preparação de esboços e modelos de gesso e utilizará parte de seu tempo livre buscando patrocínios para poder prosseguir as obras.

Até 1900, Gaudí não conseguirá ver erguida uma parte da fachada interna do Portal da Natividade, onde se apreciam muitos temas alegóricos ou procedentes do gótico, assim como uma parte da abside. Em 1917, é concluído o desenho dessa fachada. Até 1926, ele realiza os desenhos da Capela da Assunção da Virgem para o claustro, as sacristias, novas janelas e a estrutura das abóbadas, bem como o estudo das colunas, a que Gaudí dedica um assombroso trabalho de pesquisa, mudando o relevo das mesmas ao geometrizar com peças distintas, mas de mesmo diâmetro, sua grande altura.

As maquetes que foram realizadas depois da sua morte refletem de certo modo a complexidade desta obra, cheia de significados e com a vontade de ser muito precisa.

Hoje em dia, cumpre dizê-lo, está sendo utilizada uma multidão de recursos para continuar a construção deste templo que, a nosso ver, não obedece a nenhuma razão óbvia. Ao longo deste trabalho, fica patente a constante dedicação e atenção com que Gaudí seguia suas obras. Quando não lhe era possível fazê-lo, delegava funções a pessoas de sua confiança, ou renunciava a continuá-las. Por outro lado, existem obras inacabadas de Gaudí. Por que o empenho em continuar a construção deste templo? Indubitavelmente, só a passagem do tempo poderá julgar acertadamente essa fatalidade histórica.

1 Planta do Templo segundo o projeto de F. P. Villar
2 Vista do Templo em construção, quando Gaudí se encarrega de sua continuação

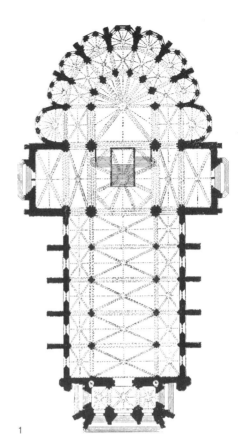

3 Esboço do projeto realizado por Joan Rubió i Bellver em 1915

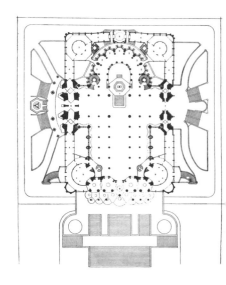

4 Perspectiva geral realizada por Francisco Valls
5 Planta geral

6 Localização e estudo de visibilidade ótima, ocupando a superfície mínima
7 Estudo dimensional comparativo com a basílica de São Pedro, de Roma
8 Seção transversal

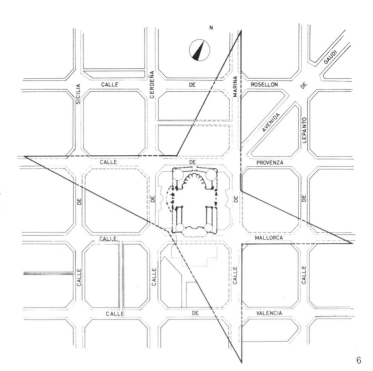

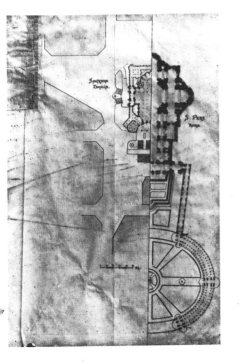

9 Vista da maquete da fachada da Natividade
10/11 Vista interna e externa da fachada da Natividade em 1916

12 Vista geral do Templo em 1933
13 Vista das escolas e do Templo em 1908

14 Vista lateral da fachada da Natividade
15 Fragmento da fachada da Natividade
16 Vista geral da fachada da Natividade

Páginas seguintes:
17/18 Fragmentos do interior da
   fachada da Natividade

19/20 Detalhes do interior da fachada da Natividade

21 Fragmento da abside
22/23 Detalhes do interior da fachada da Natividade

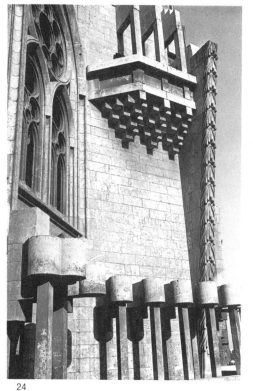 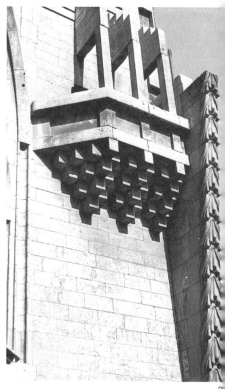

24/25 Detalhes do interior da
fachada da Natividade

26/27 Detalhes do interior da
fachada da Natividade.

26

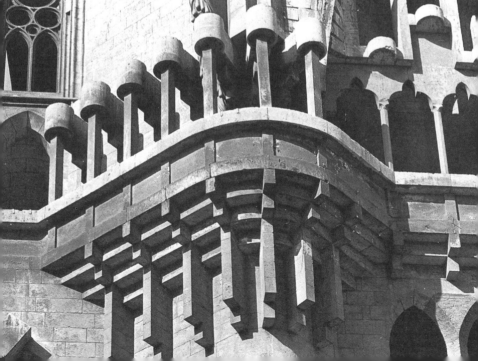

28 Vista de uma das passagens da fachada da Natividade
29 Vista da escada interior das torres
30 Detalhe da ponte que une as quatro torres

31 Detalhe de um motivo escultórico
32 Vista parcial da abside

33 Detalhe da cantaria de uma torre
34 Vista de uma torre a partir da ponte de união
35 Vista de um confessionário de autoria de Gaudí
36 Vista geral de uma torre

Na página 206:
37 Vista da fachada da Paixão. Maquete

Biografia

1852	Nasce em Reus, Tarragona, no dia 25 de junho. Filho de Francesc Gaudí i Serra e de Antònia Cornet i Bertran.
1863 a 1868	Aluno do Colégio dos Padres Escolápios de Reus.
1873 a 1878	Estudos na Escola Provincial de Arquitetura de Barcelona.
1875 a 1877	Trabalha no escritório do arquiteto Francesc de Paula del Villar i Lozano.
1876	Trabalha com Josep Serramalera em diversos projetos e como desenhista na empresa de maquinaria industrial Padrós i Borrás.
1877 a 1882	Colabora com o mestre-de-obras Josep Fontseré.
1878	Obtém o título de arquiteto (15 de março). Notas descritivas do

Gaudí trabalhando no escritório do Templo da Sagrada Família. Desenho de R. Opisso

projeto de organização das praças e passeios da cidade de Barcelona (junho). Manuscrito sobre Ornamentação (10 de agosto). Conhece dom Eusebi Güell, seu mecenas e protetor. Vence um concurso municipal com o anteprojeto de uns revérberos que iluminam atualmente a Praça Real de Barcelona. Nos dez anos seguintes, Gaudí participa das viagens da Associação de Arquitetos da Catalunha e da "Associació Catalanista d'Excursions Cientifiques", esta última de caráter nacionalista, interessadas nas antiguidades e na arquitetura da Catalunha. Em 1883 conhecerá o trabalho que Viollet-le-Duc realiza no recinto murado de Carcassone em 1849.

1881 Participa do concurso para a construção de um clube marítimo em San Sebastián, sem ganhar nenhum prêmio.
Artigo publicado em *La Renaixença* em 2 e 4 de fevereiro, intitulado "Exposição das Artes Decorativas" no Institut del Foment del Treball de Barcelona.
Publicação do plano de situação geral da Cooperativa Obrera Mataronense, no qual coloca suas primeiras idéias.

1882 Ajuda Joan Martorell no polêmico projeto da fachada da Catedral de Barcelona. Dom Eusebi Güell adquire um desenho em alçado sobre o projeto de Martorell, legendado por Lluís Domènech i Montaner, executado por Gaudí e reproduzido em *La Renaixença*, em fevereiro de 1887. Atualmente esse desenho encontra-se no "Arxiu Històric" do Collegi d'Arquitectes de Catalunya.

Gaudí no dia da sua morte. Desenho de J. Renart.

1883	Por sugestão de Joan Martorell, é nomeado para substituir Francesc de Paula del Villar i Lozano na continuação, como arquiteto, do Templo Expiatório da Sagrada Família de Barcelona.
1887	Viagens a Andaluzia e ao Marrocos em companhia do segundo marquês de Comillas.
1904	Primeiro prêmio outorgado pela Prefeitura de Barcelona ao melhor edifício da cidade, a Casa Calvet.
1906	Muda-se para a casa que Berenguer construiu no Park Güell. Não obstante, passará integralmente os últimos anos de vida num aposento-escritório que manterá no Templo da Sagrada Família.
1908	Recebe a encomenda de fazer um estudo para um hotel na cidade de Nova York. Desse estudo chegou até nós um esboço de Joan Matamala.
1910	Exposição da obra de Gaudí na "Société Nationale de Beaux Arts" de Paris. É a única exposição que se realiza em vida, fora da Espanha, sobre a obra de Gaudí. Por causa de uma doença grave, Gaudí se vê obrigado a abandonar a vida pública. No

Desenho de J. Renart

1914	ano seguinte, muda-se com seu médico, dom Pedro Santaló, para Puigcerdà, Gerona. Morre Francesc Berenguer Mestres, arquiteto e amigo íntimo de Gaudí. A partir desse momento, Gaudí quer continuar trabalhando unicamente na obra do Templo Expiatório da Sagrada Família.
1918	Morre dom Eusebi Güell (8 de agosto).
1922	Pela primeira vez, um organismo, o Congresso de Arquitetos da Espanha, resolve prestar homenagem à obra de Gaudí.
1926	Gaudí é atropelado por um bonde no cruzamento da Gran Via de los Corts Catalanes com Bailén de Barcelona (7 de junho). Três dias depois falecerá no Hospital de la Santa Cruz, sendo enterrado na cripta do Templo Expiatório da Sagrada Família.

Cronologia de projetos e obras de Antoni Gaudí

1867	Realização dos primeiros desenhos para a revista *El Arlequín* de Reus.
1867-1870	Em colaboração com Josep Ribera e Eduard Toda, realiza um projeto para a restauração do mosteiro de Poblet (Tarragona). É importante destacar a *Memoria de la Restauración del Monasterio de Poblet* [Memória da Restauração do Mosteiro de Poblet].
1875-1876	Projeto para o pavilhão espanhol da Exposição do Centenário de Filadélfia.
1876	Projeto escolar: Pátio da Câmara Provincial. Projeto para um concurso acadêmico: embarcadouro.
1877	Projeto de fonte monumental para a Plaça de Catalunya em Barcelona. Projeto para um Hospital Geral de Barcelona. Projeto final de formatura: anfiteatro.
1877-1882	Colabora com Josep Fontserè, mestre-de-obras, no conjunto do Parc de la Ciutadella. As portas de entrada e a cascata são elementos praticamente desenhados por Gaudí.
1878	Projeto de revérberos da Plaça Reial (inaugurados em setembro de 1879). Anteprojeto da Casa Vicens. Vitrine da luvaria de Esteban Comella para a Exposição Universal de Paris.
1878-1882	Projeto da Cooperativa Têxtil Operária de Mataró. Projeto de quiosque para dom Enrique Girosi.
1879	Decoração da farmácia Gibert no Passeig de Gràcia n° 4, em Barcelona. (Demolida em 1895.)
1880	Projeto de iluminação elétrica da Muralla de Mar, em colaboração com Josep Serramalera.
1882	Projeto de pavilhão de caça encomendado por dom Eusebi Güell, em Garraf, Barcelona.
1883	Desenho de altar para a capela do Santo Sacramento, da igreja paroquial de Alella, Barcelona.
1883-1888	Casa para o fabricante de azulejos dom Manuel Vicens, na Calle Sant Gervasi, atualmente Les Carolines, n° 24-26. Em

	1925-1926, o arquiteto Joan Baptista Serra Martínez amplia um corredor, sendo modificados as paredes e os limites da propriedade. Gaudí teve notícia dessa reforma.
1883-1885	Casa para dom Máximo Diaz de Quijano, "El Capricho", em Comillas, Santander. A direção das obras é de Cristóbal Cascante, arquiteto, colega de estudos de Gaudí.
1884-1887	Pavilhões da chácara Güell: edifício da portaria e das cavalariças, na Avenida de Pedralbes, Barcelona. Atualmente sede da Cátedra Gaudí (inaugurada em 1953) da Escola Técnica de Arquitetura de Barcelona.
1884-1926	Templo Expiatório da Sagrada Família.
1886-1889	Palau Güell, residência para dom Eusebi Güell e família, no Carrer Nou de la Rambla, n.ºs 3 e 5. Desde 1954, é sede do Museu do Teatro de Barcelona.
1887	Desenho do pavilhão da Compañía Transatlántica, na Exposição Naval de Cádiz.

Sala de trabalho situada no pavilhão de escritórios do Templo da Sagrada Família em 1926

1887-1894	Palácio Episcopal de Astorga, León. Recebe a encomenda do bispo de Astorga, natural de Reus, dom Joan Baptista Grau i Vallespinós. Em setembro de 1893, devido à morte do bispo, Gaudí renuncia ao cargo de arquiteto-diretor. Em janeiro de 1894 é proposto para substituí-lo Blanch y Pons, arquiteto diocesano de León. Em 1899, trabalha no palácio Manuel Hernández y Alvarez Reyero. Em 1914, são concluídas as obras da construção externa sob a direção do arquiteto Ricardo Guereta. Em 1936, o Palácio Episcopal passa a ser quartel, escritório da Falange e alojamento provisório de forças de artilharia. Em 1960, o bispo Castelltor inicia as obras para instalar definitivamente a sede episcopal, mas sua morte repentina impede o término das mesmas. Será o bispo González Martín quem dará novo uso ao edifício, destinando-o ao Museo de los Caminos, uso que mantém atualmente.
1888-1890	Colégio das Teresianas na Calle Ganduxer nº 41, Barcelona, por encomenda de dom Enrique de Ossó, fundador da Ordem.
1891-1894	Casa Fernández Andrés, Casa de "Los Botines" na Praça de San Marcelo, León. Gaudí recebe a encomenda de dom José y Aquilino Fernández Riu e de Mariano Andrés Luna, conhecidos de dom Eusebi Güell.
1892-1893	Projeto de edifício para as missões franciscanas espanholas em Tânger.

Desenho de J. Renart

1898-1904	Casa Calvet, na Calle Caspe n.º 48, Barcelona. Embora o edifício traga a data de 1899, as obras de decoração, inclusive a conhecida mobília, realizada por Casas y Bardés, não foram terminadas antes de 1904.
1898-1915	Cripta da Colônia Têxtil Güell, em Santa Coloma de Cervelló, Barcelona. As obras são iniciadas em 1908, mas não definitivamente até 1912. O ato de consagração é no dia 3 de novembro de 1915. As obras são supervisionadas por seu amigo e ajudante Francesc Berenguer.
1900-1902	Casa de dom Jaume Figueras, "Bellesguard", na Calle Bellesguard, 16-20, Barcelona. Nos trabalhos de direção colabora Joan Rubió i Bellver. Para salvar as ruínas do que foi o palácio de Martí l'Humà, Gaudí constrói um viaduto em 1908.
1900-1914	Park Güell, na Muntanya Pelada, por encomenda de dom Eusebi Güell. Em 1922, torna-se propriedade municipal. Colabora Josep Maria Jujol.
1901-1902	Entrada e muro da chácara de dom Hermenegild Miralles, no Paseo de Manuel Girona.
1901-1902	Reforma da casa do marquês de Castelldosrius, na Calle Mendizábal, 19, Barcelona (atualmente Calle Nova Junta de Comerç).
1902	Por encomenda de dom Ricard Company, colabora na decoração do Café Torino, no Passeig de Gràcia n.º 18, em Barcelona. Desaparecido. Colaboram também Pere Falqués, Lluís Domènech i Montaner e Josep Puig i Cadafalch.
1903-1914	Restauração da Catedral de Ciutat de Mallorca, por encomenda do bispo Pere Campins. Colaboram Francesc Berenguer, Joan Rubió Bellver e Jujol.
1904	Projeto de casa para dom Lluís Graner.
1904-1906	Reforma da Casa Batlló, no Passeig de Gràcia, 43, Barcelona, por encomenda de dom José Batlló y Casanovas. Colabora Josep Maria Jujol.
1906-1910	Casa Milà, "La Pedrera", no Passeig de Gràcia, 92, Barcelona, por encomenda de dona Rosario Segimon de Milà. Colabora Josep Maria Jujol. Em 1954, Francisco Javier Barba Corsini transforma a mansarda em apartamentos-escritórios, acrescentando alguns elementos ao terraço.
1909-1910	Escolas do Templo Expiatório da Sagrada Família.
1912	Púlpitos da igreja paroquial de Blanes, Gerona.
1923	Estudos para a capela da Colônia Calvet, em Torelló, Barcelona.
1924	Púlpito para uma igreja de Valencia.

Bibliografia

A bibliografia sobre Antoni Gaudí é extraordinariamente numerosa. A primeira bibliografia importante é publicada no livro de J. F. Ráfols Fontanals e Francesc Folguera, *Gaudí*, Editorial Canosa, Barcelona, 1929. Nela são arrolados todos os títulos e artigos publicados até a data dessa edição. Em 1973, George R. Collins publica, com o apoio da American Association Bibliographers, *Antonio Gaudí and the Catalan Movement, 1870-1930*, The University Press of Virginia. Essa bibliografia reúne tudo o que foi publicado sobre Gaudí e o Modernismo catalão até 1970 aproximadamente. Após essa publicação, o interesse pela obra de Gaudí continua sendo considerável. Não obstante, eu gostaria de fazer menção a uma lista de títulos que considero imprescindíveis:

Bassegoda Nonell, Juan, *Antoni Gaudí i Cornet*, Edicions Nou Art Thor, Barcelona, 1978.
Codinachs, Macià (ed.), *Artículos manuscritos, conversaciones y dibujos de Antonio Gaudí*, Colegio Oficial de Aparejadores, Murcia, 1982.
Dalisi, Riccardo, *Gaudí, mobili e oggetti*, Electa Editrice, Milão, 1979.
Flores, Carlos, *Gaudí Jujol y el Modernismo catalán*, Aguilar, S.A. de Ediciones, Madri, 1982.
Hitchcock, Henry-Russell, *Gaudí*, Catálogo da exposição no MOMA, Nova York, 1957.
Le Corbusier, J. Gomis y J. Prats, *Gaudí*, Editorial RM, Barcelona, 1958.
Martinell, César, *Gaudí. Su vida, su teoría, su obra*, Colegio de Arquitectos de Cataluña y Baleares, Comisión de Cultura, Barcelona, 1967.
Pane, Roberto, *Antonio Gaudí*, Edizione di Comunità, Milão, 1982.
Ráfols Fontanals, J.F. y Francesc Folguera, *Gaudí*, Editorial Canosa, Barcelona, 1929.
Sert, Josep Lluís y James Johnson Sweeney, *Antoni Gaudí*, Ediciones Infinito, Buenos Aires, 1969.
Solà-Morales, Ignasi de, *Gaudí*, Ediciones Poligrafa, Barcelona, 1983.
Tarragó Cid, Salvador, *Gaudí*, Ediciones Escudo de Oro, Barcelona, 1974.
Technische Hogeschool Delft, *Gaudí. Rationalism met perfecte materiaal beheersing*, Universitare Press, Delft, 1979.

Procedência das ilustrações

Cátedra Gaudí; Lluís Casals; Antoni González; Xavier Güell; Ediciones Doyma S.A.; Arxiu Documentació Gràfica, Biblioteca ETSAB; Arxiu Històric, COAC; Arxiu Mas.

Determinados desenhos e algumas ilustrações procedem dos seguintes livros e revistas:

César Martinell, *Gaudí. Su vida, su teoría, su obra*, Colegio de Arquitectos de Cataluña y Baleares, Comisión de Cultura, Barcelona, 1967.
Arxiu de Documentació Gràfica de la Biblioteca de l'ETSAB, *Gaudí. Dibuixat pels estudiants de l'ETSAB*, Barcelona, 1985.
Riccardo Dalisi, *Gaudí, mobili e oggetti*, Electa Editrice, Milão, 1979.
Associación de Arquitectos de Cataluña, *Anuario*, 1913 e 1916.
Arquitectura y Construcción, Barcelona, 1917.
Panorama Nacional, tomo segundo, Hermenegild Miralles, Editor, Barcelona, 1898.
CAU, números 69 e 70.
J.F. Ráfols y Francesc Folguera, *Antonio Gaudí*, Editorial Canosa, Barcelona, 1929.

Agradecimentos

A realização deste livro foi possível graças ao material e à ajuda proporcionados pelo titular da Cátedra Gaudí da ETSAB e presidente da Amics de Gaudí, Joan Bassegoda Nonell, arquiteto.

Também gostaria de agradecer à Cátedra de Desenho II da ETSAB e aos professores da mesma, Santiago Roqueta Matías, José García Navas, Javier Monedero Isorna, Antonio Pérez Rodríguez, Ernest Redondo Domínguez e Montserrat Ribas Barba, pela colaboração dada.

Igualmente às seguintes pessoas:
Bonet Garí, Lluís, arquiteto
Família Guilera
González, Antoni, arquiteto
Güell Cortina, Lluís Maria
Molema, Jan, Gaudí Groep, Delft
Paricio, Ignacio, arquiteto
Ramos Galiano, Fernando, arquiteto, diretor da ETSAB (Escola Técnica Superior de Arquitetura de Barcelona)
Renart, Valentina
Sánchez Cubells, Jaime, gerente da Ediciones Doyma, S.A.
Sans Blanch, Josep Maria
Solà-Morales i Rubió, Ignasi, arquiteto
Tarragó-Cid, Salvador, arquiteto

Impresso nas oficinas da
Gráfica Palas Athena